因平凡而伟大

冶金地质优秀技术工人奋进实录

中国冶金地质总局 编

·北京·

图书在版编目（CIP）数据

因平凡而伟大：冶金地质优秀技术工人奋进实录 / 中国冶金地质总局编 . -- 北京：国家行政学院出版社，2025.4. -- ISBN 978-7-5150-3047-0

Ⅰ . K826.16

中国国家版本馆 CIP 数据核字第 2025EP4711 号

书　　名	因平凡而伟大——冶金地质优秀技术工人奋进实录 YIN PINGFAN ER WEIDA—— YEJIN DIZHI YOUXIU JISHU GONGREN FENJIN SHILU
作　　者	中国冶金地质总局　编
责任编辑	王　莹　王　朔
责任校对	许海利
责任印制	吴　霞
出版发行	国家行政学院出版社 （北京市海淀区长春桥路6号　100089）
综 合 办	（010）68928887
发 行 部	（010）68928866
经　　销	新华书店
印　　刷	中煤（北京）印务有限公司
版　　次	2025年4月北京第1版
印　　次	2025年4月北京第1次印刷
开　　本	170毫米×240毫米　16开
印　　张	15.5
字　　数	155千字
定　　价	86.00元

本书如有印装质量问题，可随时调换，联系电话：（010）68929022

前言
Preface

  党的十八大以来，习近平总书记多次礼赞劳动创造，讴歌劳模精神、劳动精神、工匠精神。在2020年11月24日召开的全国劳动模范和先进工作者表彰大会上，习近平总书记精辟阐释了这三种精神的科学内涵，即"爱岗敬业、争创一流、艰苦奋斗、勇于创新、淡泊名利、甘于奉献的劳模精神"，"崇尚劳动、热爱劳动、辛勤劳动、诚实劳动的劳动精神"，"执着专注、精益求精、一丝不苟、追求卓越的工匠精神"；在2022年10月2日给山东省地矿局第六地质大队全体地质工作者的重要回信中，习近平总书记对地质工作者大力弘扬爱国奉献、开拓创新、艰苦奋斗的优良传统，做好矿产勘查工作提出殷切期望；在2024年9月27日给中国一重产业工人代表的重要回信中，习近平总书记再次强调，弘扬劳模精神、劳动精神、工匠精神，苦练内功、提高本领。

  习近平总书记关于劳模精神、劳动精神、工匠精神的深刻阐释，一直以来都深深鼓舞着中国冶金地质总局（以下简称总局）广大一线职工，勇担"提供资源保障、实现产业报国"的职责使命，牢记"国之大者"，砥砺奋进新征程。为了进一步弘扬劳模精神、劳动精神、工匠精神，传承"三光荣"（以献身地质事业为荣、以艰苦奋斗为荣、以找矿立功为荣）、"四特别"（特别能吃苦、特别能忍耐、特别能战斗、特别能奉献）优良传统，2023年底，总局党委及总局工会组织全系统来自不同岗位的46名优秀技术工人，在厦门开展了为期5天的休疗养活动,并安排总局党委宣传部的工作人员跟随做好服务。

与一线职工5天的朝夕相处,工作人员与他们一起参加讲座、一起参观红色教育基地、一起听他们分享一线故事、一起聊家常,他们的朴实、自律、执着、担当、奉献,深深地感动着工作人员,爱国奉献、艰苦奋斗、勇于创新、淡泊名利、执着专注、精益求精……这些词不时闪现在脑海,不再遥远、不再抽象,而是那么贴近、那么鲜活。这不正是冶金地质系统最可爱的人吗?回到总局,工作人员立即向总局党委及总局工会作了汇报。总局党委书记牛建华和局长王文军高度重视,认为这是一次很好的宣传机会,要求总局工会将这些优秀技术工人的感人事迹结集出版。为此,总局工会启动了编写工作。

在这本书里,我们看到了——

张彦斌,一位普通的机长,35年寒来暑往一直奋战在生产一线,每次开孔前的20多个小时,他都会守在钻机旁,这已成为习惯;陈德贵,工作30多年,有一半的时间奋战在雪域高原,那里高寒缺氧、人烟稀少,他依然坚守,以坚强的信念来克服缺氧入睡难的问题,来化解远离亲人的孤独;高恩,一位70后,生于地质世家,"设备有难题,就找高恩",这是对他工作最充分的肯定;王伟平,工作中至今让他难忘的还是在猴子都爬不上去的达坂遭遇陷车的经历,零下20多摄氏度的气温、打得脸生疼的石子、寻求救援的漫长等待,只有坚持、坚持再坚持;陈锦梅,她的岗位是锯片生产的最后一道工序——锯片校准,在这个一度只有男员工的精校岗位,每天挥着手中5.5斤重的校平榔头,精校当日产出的产品,校出了百分之百的合格率,校出了工序产出状元,更是校服了大家;努尔加娜提,一位美丽善良的哈萨克族姑娘,普通的卷扬机女工,日复一日、年复一年,从小的指示灯到大的卷筒钢丝绳，每一个保护装置、每一个部件都仔细检查，一丝不苟，始终做安全生产的捍卫者；孙近旗，一位测量工程师，曾经每天工作12个小时以上抢抓工作进度，被人称为"拼命三郎"……

在这本书里，我们认识了——

那个把钻头打进石头，把专业融入骨头的张建国；那个在非洲加蓬勘探，至今留着毒虫咬伤疤痕的冯三川；那个奋战在机台边，被称为"土地公"的谌逊龙；那个被吹飞了帐篷，在睡梦中被刺骨的寒风冻醒的邓喜金；那个急匆匆逃离被飓风差点刮塌的蒙古包，仍始终保护好地质资料的孟祥熙；那个因新冠疫情被封，时刻不忘做好年轻人心理疏导的林少波；那个掌握第一手"民意"，成功消除居民疑虑重新"激活"项目的徐雷；那个身穿厚重防护服、承受身体和意志力双重考验的易青春……

这样的故事还有很多，他们的事迹只是冶金地质系统劳模精神、劳动精神、工匠精神的一个缩影。本书将这些优秀技术工人的事迹分成踏遍青山人未老、精益求精攀高峰、爱岗敬业甘奉献三个部分加以呈现，既是为贯彻落实习近平总书记的重要讲话和重要回信精神，也是为传播"爱国奉献、开拓创新、艰苦奋斗"企业精神，更是为冶金地质奋发新征程凝心聚力，再创美好未来。

中国冶金地质总局

2025年3月

目录

CONTENTS

踏遍青山人未老

听说，你在那些地质故事里 3
　　——记中国冶金地质总局内蒙古地质勘查院王晓兵

勇当地质服务行业尖兵 8
　　——记中国冶金地质总局山东局蒙古正元有限责任公司王怀坤

艰苦中锤炼的冶金地质人 13
　　——记中国冶金地质总局西北地质勘查院王伟平

望山而攀　向云而逐 18
　　——记中国冶金地质总局昆明地质勘查院叶金福

从"新"出发　做地勘行业的新主力 22
　　——记中国冶金地质总局第一地质勘查院冯三川

那些梦想和地质有关 26
　　——记中国冶金地质总局浙江地质勘查院朱志华

平凡岗位上的地质"小兵" 31
　　——记中国冶金地质总局西北地质勘查院刘小兵

铸造新一代地质人的精气神 35
　　——记中国冶金地质总局西北地质勘查院张文璟

因平凡而伟大
——冶金地质优秀技术工人奋进实录

不了高原地质情　40
　　——记中国冶金地质总局第二地质勘查院陈德贵

青春绽放在西天山　45
　　——记中国冶金地质总局新疆地质勘查院陈亮

异乡的高原勘探者　50
　　——记中国冶金地质总局山东局蒙古正元有限责任公司孟祥熙

山巅上的坚守　54
　　——记中国冶金地质总局山东正元地质勘查院韩智昕

坚守初心　鬓霜只为矿山染　59
　　——记中国冶金地质总局第二地质勘查院穆小平

精益求精攀高峰

关于"邓喜金"这个名字　67
　　——记中国冶金地质总局三局中晋环境科技有限公司邓喜金

要学那泰山顶上一青松　71
　　——记中国冶金地质总局青岛地质勘查院司纪永

四十年初心不改　一辈子坚守承诺　77
　　——记中基发展岩土工程分公司李柏明

把钻头打进石头　把专业融入骨头　81
　　——记中国冶金地质总局第一地质勘查院张建国

三十年磨一"钻"　86
　　——记中国冶金地质总局一局秦皇岛天元五一五钻探工程有限公司张彦斌

目录

将平凡的工作做到不平凡　90
　　——记中国冶金地质总局三局山西华冶勘测工程技术有限公司张文强

追求极致的切割匠人　94
　　——记黑旋风锯业股份有限公司吴共志

这枝蜡"梅"不简单　99
　　——记黑旋风锯业股份有限公司陈锦梅

技术"领头羊"　团队"贴心人"　104
　　——记正元国际矿业有限公司阿勒泰公司阿那克·苏莱曼

躬耕一线　践行初心　110
　　——记中国冶金地质总局地球物理勘查院天泰电力科技（河北）
　　有限公司林少波

闪亮宝石背后的执着匠心　115
　　——记中晶钻石有限公司易青春

生产线背后的电工"超人"　120
　　——记晶日金刚石工业有限公司贾学武

立足岗位求奋进　青春建功促转型　125
　　——记正元地理信息集团股份有限公司数字城市公司邰长明

从工人队伍中走出来的"高"手　130
　　——记中国冶金地质总局中南局三川德青科技有限公司高恩

专心专注　科研报国　136
　　——记正元地理信息集团股份有限公司航遥公司常博

因平凡而伟大
——冶金地质优秀技术工人奋进实录

爱岗敬业甘奉献

风雨无阻测绘人　143
　　——记中国冶金地质总局山东正元建设工程有限责任公司马颇

笃行三十年　不负所期　148
　　——记中国冶金地质总局山东正元地质资源勘查有限责任公司淄博
　　分公司王清明

城市"光"的守护者　154
　　——记中国冶金地质总局地球物理勘查院天泰电力科技（河北）
　　有限公司王义刚

不忘初心　青春闪耀　158
　　——记正元地理信息集团股份有限公司正元数科公司王超

昨日经历的苦　成为今天前行的光　163
　　——记中国冶金地质总局昆明地质勘查院代兴友

顶上！在项目关键时刻　168
　　——记中国冶金地质总局中南局中南勘察基础工程有限公司吕广兵

以"坚守一线"诠释"默默奉献"　173
　　——记中国冶金地质总局地球物理勘查院城市治理分公司刘宏伟

用奋斗书写青春华章　177
　　——记中国冶金地质总局二局福建岩土工程勘察研究院有限公司洪荣渲

用行动诠释奋斗与忠诚　182
　　——记正元地理信息集团股份有限公司武汉科岛公司孙近旗

目录

从"四川娃"到"拼命三郎"　187
　　——记中国冶金地质总局三局山西冶金岩土工程勘察有限公司李永刚

"老顽童"的勘察人生　191
　　——记中国冶金地质总局二局福建岩土工程勘察研究院有限公司邱智雄

平凡岗位的不凡人生　196
　　——记正元国际矿业有限公司阿勒泰公司辛浩

西天山上盛开的"雪莲花"　201
　　——记中国冶金地质总局中南地质调查院张翠

做守护安全生产的"螺丝钉"　206
　　——记中国冶金地质总局西北局岩土工程有限公司张伟

攻坚克难　平常却平凡中见非凡　210
　　——记中国冶金地质总局地球物理勘查院城市治理分公司张有忠

我的矿山我的家　214
　　——记正元国际矿业有限公司阿勒泰公司努尔加娜提·都肯别克

以奋斗擦亮青春底色　219
　　——记中基发展工程勘察设计研究院徐雷

机台边上的"土地公"　223
　　——记中国冶金地质总局二局福建岩土工程勘察研究院有限公司莆田
　　分公司谌逊龙

后　记　229

踏遍青山人未老

听说，你在那些地质故事里
——记中国冶金地质总局内蒙古地质勘查院王晓兵

听说，你在三月的风里，

于春寒料峭中，采集一个个样品；

听说，你在六月的光里，

于炎炎烈日下，发现一条条矿化；

听说，你在九月的雨里，

于绵绵甘霖中，记录一组组数据；

听说，你在十二月的雪里，

于瑟瑟寒风中，描绘一张张图纸。

听说，你叫王晓兵，

年复一年，在那些和大地有关的故事里，

寻找那沧海桑田变迁的痕迹，

探索着来自白垩纪、石炭纪或者寒武纪的秘密。

高中时期的王晓兵时常关注时政新闻，常听到关于我国石油、铁矿石等重要资源受国外制约的消息。对数学、化学、地理兴趣浓厚的他深感自己有了用武之地，毫不犹豫选择了太原理工大学的资源勘查专业。入学后，他对地质的兴趣越发浓厚，如饥似渴地汲取着成矿规律和找矿技巧等知识，矿石种类的丰富多样、成因的复杂多变，以及各种控矿因素、构造单元等，都让他沉醉其中，系统的理论学习为其日后的找矿工作奠定了坚实的基础。

寻矿万里不辞辛劳

找矿之路，漫长且充满挑战。参加工作以来，王晓兵在山西、河北、新疆、内蒙古的土地上都留下了踏实坚定的足迹。多少次，攀登陡峭的山峰，双腿不停地颤抖，目光却依旧坚毅；多少次，穿梭在茂密的荆棘丛，脸颊挂上几道彩却毫不退缩；多少次，蹚过奔流的河水，湿了靴子满身泥泞却勇往直前；多少次，经历肆虐的风沙、极致的热、彻骨的冷，环境艰苦却苦中作乐，在找矿的道路上始终坚守初心、砥砺奋进。

2020年，王晓兵带队实施内蒙古正蓝旗民乐北山萤石矿地质勘查项目。虽然对地质编录规程中的工作程序已经驾轻就熟，但坑道测量于他们而言是全新的挑战。对竖井是那么陌生又新奇。几位年轻人穿戴好安全防护装备，在甲方人员陪同下，依次走进罐笼，向地下矿藏进发。第一次乘坐罐笼，大家都忐忑不安，小心翼翼、屏住呼吸，头顶那孤零零的灯穿透地下的黑暗。突然，不断下降的罐笼骤停，上看不到地面，下不达巷道，大家此时惊慌失措。王晓兵一边安抚大家不要慌张，一边联系甲方人员排除故障。所幸有惊无险，半小时后，罐笼顺利抵达目标巷道工作面，一番"劫后余生"，众人如释重负，随后有条不紊地开启了一天的巷道编录工作。

2008年，王晓兵等人在内蒙古额济纳旗红梁子矿区铜钼多金属矿普查，住在一个铁皮房子里。白天，铁皮房子被炽热的太阳晒得像烤箱。当他们结束一天的野外作业，疲惫不堪地回到铁皮房子里时，屋子里的高温"蒸"得人难以入眠。即便好不容易入睡，狂风又裹挟着沙砾咆哮而来，无情地惊醒了他们好不容易做的美梦。即便在这样的环境下，他们依然凭着坚定的信念和无畏的勇气，出色完成了勘查任务。

创新技术大胆解难题

自参加工作起，王晓兵便扎根野外一线，脚踏实地、兢兢业业，不断自我提升，积累了扎实的地质专业技术理论知识和实践经验。日常工作中，他不仅能熟练运用各种基础办公软件和专业软件，还积极探索新的科学技术在勘查工作中的运用。他说："在 RTK 面前，罗盘宛如冷兵器时代的产物。"为此，他研究出一种更精准确定钻探工程方位的方法，即通过 RTK 测量钻机底盘前后两个坐标，通过表格计算方位角，有效避免了罗盘受钻杆、机械设备磁性干扰的问题。他始终坚持找矿和现代化的技术体系相结合，探索研究如何将找矿思路从地表浅处延伸至地下深处；如何以岩石物理性质的差异作为评价尺度来探究地表深度，进而依据成矿内在规律分析矿产资源存在与否；如何运用新设备提高找矿精确率和成功率；如何构建成熟信息体系，以更好地处理分析各项数据信息等。

几千里远望以当归

地质人大多不愿谈及家庭，王晓兵亦如此，每当被问及，总是回答一句："地质人还不都那样！"诚然，地质人皆如此，不过背后却各有各的无奈和心酸。谁不想和妻子花前月下，感受爱情的浪漫；谁不想和父母围桌同餐，感受亲情的温暖；谁不想和朋友把酒言欢，感受友谊的珍贵；谁不想和孩子一起分享人生经历，倾听孩子的心愿。但对于地质人而言，更多时候只能是登上最高的山，遥望家的方向。

有付出就有收获。10 余年来，在远离亲人的地方，王晓兵凭借实实在在做人、认认真真做事的态度，出色地完成了众多地质勘查项目。2017 年至 2023 年，他主持了 8 个地质勘查项目，涵盖铁矿、铜矿、钼矿、萤石矿等多个金属、非金属矿种。把简单的事情年复一年地做好，就是不简单；把认为容易的事一件一件地落实好，便是不容易。10 余年的执着坚守，让王晓兵收获了诸多荣誉，多次荣获局、院"先进个人""优秀项目总工"等称号。

王晓兵说："工作虽然很辛苦，但也有收获的喜悦，特别是能在自己有限的人生中做一些具体的事情，从而让自己得到提高，或许这不是辛苦而是幸运。"正是怀着这份感恩之心，王晓兵获得了这个世界上最宝贵的矿藏——艰苦奋斗与无私奉献的精神，这一"精神富矿"将永远为他提供力量，支撑他在"身穿粗布衣、肩挎地质包、手持地质锤"的地勘长路上前行。

勇当地质服务行业尖兵

——记中国冶金地质总局山东局蒙古正元有限责任公司王怀坤

怀着产业报国的崇高理想，王怀坤扎根异国他乡的大漠戈壁，摸爬滚打已逾十载。在这漫长的岁月里，他凭借自身的智慧、勇敢和坚韧，生动诠释了"以献身地质事业为荣、以艰苦奋斗为荣、以找矿立功为荣"的"三光荣"优良传统。

参加工作15年来，王怀坤始终坚守在物探工作的野外生产第一线，脚踏实地，一步一个脚印地前行，如同钉钉子一般，持之以恒一锤接着一锤敲。从初出茅庐、稚气未脱的毕业生，逐步成长为如今业务精湛、专业能力过硬的项目经理，王怀坤在平凡的岗位上创造了不平凡的成就。

"荒野求生"中的拼搏

15年来，王怀坤一直在蒙古国物探一线工作。他对物探事业充满热爱，始终保持奋发进取、开拓创新的精神，全身心投入工作。他时刻以优秀党员的标准严格要求自己，以无私的工作态度和忘我的敬业精神，默默为物探事业的发展奉献着自己的满腔热忱，充分展现了共产党员的先锋模范带头作用。

在同事们眼中，王怀坤是一个善于倾听、敢于吃苦且一旦认准目标就立即付诸行动的人。提及蒙古国,人们往往会联想到诗画般的草原戈壁滩,然而对于长期奋战在一线的野外职工来说,这里更像是现实版的"荒野求生"。戈壁的狂风呼啸而来,裹挟着土黄色的沙砾,无情地在人们脸上留下一道道划痕;戈壁的雨带着浓烈的羊膻味,仿佛无孔不入,能穿透一切侵入心肺;戈壁的夜晚"有声有色",繁星闪烁,却又似时钟嘀嗒作响,让人难以入眠。

雨夜里的营地经常呈现这样的景象:被狂风扯烂的蒙古包摇摇欲倒,湿漉漉的被子怎么也晒不干,各种不请自来的小动物在帐篷内外肆意穿梭。忙碌了一天,工人们却难以入睡,盖的被子大半被雨水浸湿,而手臂不经意碰到蒙古包的竹架子,便能听到成群的老鼠顺着毛毡子呼呼啦啦四散奔逃的声响。

面对如此艰苦的环境,王怀坤从未退缩,反而将这片荒芜之地视作磨炼意志的沃土。在地质"三光荣"优良传统的激励下,他牢记"地质报国"初心使命,甘于奉献,勇当地质服务行业的尖兵。

野外一线的工作忙碌而艰辛,虽然王怀坤每天灰头土脸,但始终保持着昂扬向上、奋发进取的精神风貌,展现了地质人拼搏进取、矢志奋斗的良好形象。那些平面等值线图、地质图、异常图等,每一条线、每一个点,都饱含着他的心血,是他肩扛、手抬、挥铲、刨挖,手脚并用丈量出来的。正如歌中所唱:"我把青春融进,融进祖国的江河……山知道我,江河知道我。"

攻坚克难中的追求

在蒙古国从事物探工作,困难重重,其中临时用工素质普遍偏低和语言沟通不畅是最突出的两项。在生产施工过程中，王怀坤常常是独自带领十几个蒙古国人员，从最基本的 GPS 使用、测线布设、极化罐埋设等操作开始，手把手地耐心培训。为了打破语言障碍，他自学蒙古语，从一个人那里学到单词和语法后，立即和另一个人交流，反复练习，仔细纠正发音，只为确保沟通准确无误。

白天，王怀坤在野外奔波忙碌，辛苦劳作；夜晚，他又独自加班加点进行记录、分析、整理工作。他深知，一份优良的物探报告离不开每一个环节的严谨细致。为此，他给自己定下了成为"蒙古国地学领域中资企业物探专业学科带头人"的宏伟目标。为实现这一目标，他在工作中刻苦钻研、不断进步，不仅熟练掌握物探专业技术标准和规程，还深入了解和研究蒙古国矿产资源概况和成矿地质背景。他积极学习物探专业新设备的操作和新技术的应用，善于总结经验，举一反三，能够将物探技术与地质勘查巧妙融合，有效解决关键地质问题。通过长期的积累，他具备了较高的综合研究和科技创新能力。

有人说，评价一份工作的优劣，关键在于它能否充分发掘从业者的最大脑力和体力。从这个意义上来说，王怀坤无疑是幸运的，他和公司携手共进、相互成就，在完成产业报国使命的同时，也充分发挥了自己的专业特长，实现了人生价值。从业十几年来，尽管历经风餐露宿、抛家舍业的艰辛，但也收获了不负时代、不负韶华的成就。始终争做有志气、有骨气、有底气的地质人，用奉献谱写履职担当的华丽篇章，这既是王怀坤的追求，也是他的担当。

一年中3个月的候鸟

每一位物探工作者的辛勤劳作，都离不开家人的默默支持。在国外从事物探工作，其特殊之处在于项目实施的空闲时间也难以回家与亲人团聚，最多只能回到乌兰巴托驻地稍作休整，然后便又要赶赴下一个工地。

对于王怀坤来说，每年回国的两三个月，是他难得回归儿子、丈夫和父亲角色的亲情时刻。别人的一年是完整的四季轮回，他的一年却仿佛只有短暂的3个月：3个月内订婚结婚、3个月内拿下驾照、3个月内买房装修、3个月内手术康复……倘若家里的事无法在3个月内完成，就只能等待来年再议了。

这种如候鸟般的节奏，是王怀坤参加工作至今与家人生活的真实写照。时至今日，父母身体健康、孩子懂事乖巧，还有一个勤劳善良、爱叨叨却又乐呵呵的媳妇，他深知这是他最坚实的后盾，是他动力的源泉，也是他可以安心卸下满身疲惫的温馨港湾。

正是家人的理解和支持，让王怀坤毫无后顾之忧地全身心投入物探工作，从而在工作中取得诸多优异成绩，赢得领导和同事们的认可，实现自己的人生价值。也正是这份深沉的爱，更坚定了他献身物探的决心，赋予他不断前进的动力，赋予他坚持到底的毅力，始终支撑着他追逐奋斗。

十几年来，王怀坤主持、参与了百余个地勘项目。其中，由他主持的项目，有的使找矿方向取得新突破，收获良好勘探成果，不仅服务了外资企业，推广了中国技术标准，还拓展了蒙古国地质勘探市场，

因平凡而伟大
——冶金地质优秀技术工人奋进实录

为企业带来显著经济效益和社会效益，树立了公司良好口碑；有的有力推动了矿产勘查开发向深部、边部拓展，大大扩充了找矿空间，实现了增储扩储，为矿山合理利用资源奠定了坚实基础，取得了良好经济效益和社会效益；有的为构建构造格架、总结成矿规律、进行矿产资源体预测评价提供了科学依据，其新颖的项目技术、突出的创新点，得到项目验收专家组的一致好评。他参与的蒙古国重要成矿远景区资料综合与异常筛选、外贝加尔重要成矿区带资源潜力调查与评价等5个中央财政项目，被中国地质调查局评定为优秀等级。王怀坤本人也多次被山东局、地质勘查院评为"先进个人""青年岗位技术能手""优秀党员"。

唯有坚持，方能不负时光；唯有努力，才会收获成功！从业十几年来，王怀坤如同一颗坚实的螺丝钉，安于平凡岗位、敢于吃苦。他对本职工作怀着高度的责任感和使命感，找准自己的人生坐标，扎根野外物探工作一线，在平凡的岗位上，凭借自己的辛勤劳动，为冶金地质事业贡献力量。

艰苦中锤炼的冶金地质人

——记中国冶金地质总局西北地质勘查院王伟平

王伟平作为中国冶金地质总局西北地质勘查院矿院项目经理、西北局金矿找矿突击队队员，自2016年参加工作以来，一直投身于一系列极具挑战性的项目中。他先后参与和主持了新疆甜水海地区六幅1∶5万区域地质矿产调查、新疆和田县红黄岭铅锌矿预查、甘肃省肃南县桦树沟脑西44号铜多金属矿普查等多个基金项目和重点项目。尽管这些项目都处于环境"艰难险"的地区，可他却从未退缩，始终勇于担当，凭借顽强的毅力和卓越的专业素养，出色地完成了各项工作任务，先后荣获西北地质勘查院"优秀共产党员"和"安全生产先进个人"称号。这些成绩的背后，是他不怕吃苦、甘于奉献的地质人工作作风，以及对地质事业的无限热爱和执着坚守。

身先士卒

2023年3月底，地处天山腹地的内蒙古乌兰赛尔矿区依旧被冰雪覆盖，气温低至零下20摄氏度，河里冰层厚度接近1米。为确保项目按计划顺利推进，项目部决定比往年提前2个月进驻工地，为后续施工争取时间。项目地处偏远无人区，距离最近的村庄虽不到200千米，但因山陡弯急，路况极差，加之高原环境复杂多变，时而狂风呼啸，时而暴雪纷飞，导致这段路程异常艰难，车程长达6个小时。在如此恶劣的自然环境下进场入驻，安全保障工作成为重中之重，这对身为现场负责人兼安全员的王伟平来说是个极大的挑战。

面对重重困难和危险，王伟平总是以身作则、冲锋在前。进入矿区途中，需要穿越几道河床，当时正值河水冰冻期，冰面看似坚实，实则暗藏危机，河中间部分底部空鼓。货车行驶时，因司机无法预判冰面状况，左前轮不慎掉入冰窟窿，车身瞬间倾斜，情况紧急。王伟平全然不顾车外寒风凛冽，毫不犹豫率先跳下车子展开救援，忍着刺骨的寒风和大家一起推车，在他的鼓舞下，大家齐心协力终于将车"救出"。他说："无人区靠等没有用，只能靠我们自己，多一个人就多一份力。"高原的天气变幻莫测，搭建帐篷时，恰逢狂风裹挟着冰雹，让人寸步难行。要在这样恶劣的天气中搭建又大又结实的帐篷，难度可想而知。队员们面露难色，有畏难情绪，王伟平见状，主动承担起搭建中最繁重、最累的活。在他的带动下，队员们纷纷振作精神，加入搭建帐篷的队伍。经过艰苦努力，终于成功搭好帐篷，完成了艰难的进场工作，为后续工作开了个好头。

"三头六臂"

项目开展初期，琐碎事务繁多，亟待梳理，而技术人员尚未全部到位，王伟平不得不身兼数职。他既要协调各外协队伍进场施工，负责技术资料整理，保证资料准确完整，同时还要兼顾现场安全工作，时刻警惕安全隐患。那段时间，王伟平天天从早忙到晚，一刻不停。他总是最后一个关闭发电机睡觉的人，第二天一大早又匆忙赶往施工现场，仔细检查安全状况，认真观察岩心变化。忙碌起来，他常常顾不上吃饭。有时清晨还没睡醒，帐篷外就传来急切的呼喊声："王工，机台安装完毕，能验收开孔了"，"王工，到预计见矿位置，该测斜了"，"王工，到设计孔深了，你看要不要终孔"……无论多累多困，只要现场有情况，他总能第一时间赶到并迅速提出解决方案。项目事情繁杂琐碎，但他总能有条不紊地处理妥当，展现出卓越的组织协调能力。为保证项目进度，他常在没有信号的矿区一待就是1个多月，与世隔绝，全身心投入工作。矿区环境恶劣，生活条件艰苦，许多工人因无法忍受纷纷离去，就这样人来了一拨又走了一拨，王伟平却坚持了5个多月，从未动摇。

项目实施中期，钻探日进尺量较大，工作节奏紧张，项目出现资料整理不及时的问题。若持续下去，将会严重影响后续工作。为抓紧进度，王伟平再次挺身而出，积极主动梳理各项工作，并制定详细计划表，合理分配任务，主动承担工作量大、难度高的工作，为大家树立了榜样。在他的带领下，同事们备受鼓舞，积极配合，白天编录布样，认真记录数据，采集样本；晚上整理内业，分析整理数据并绘制图标。在项目内部营造出你追我赶、不甘落后的良好氛围，最终按计划保质保量完成了各项工作，为项目成功奠定了基础。王伟平还善于钻研，面对烦琐的图件绘制，他积极探索，钻研出一些提高效率的方法并毫无保留地分享给大家。在大家的共同努力下，野外施工提前1个月结束，节省了时间和成本。正是他这种夙夜在公的工作精神和一丝不苟的工作态度，有效保障了项目进度，为项目顺利完成立下了汗马功劳。

因平凡而伟大
——冶金地质优秀技术工人奋进实录

勇攀高峰

作为经验丰富的安全员，王伟平深知安全工作的重要性，无论多忙多累，都将安全工作放在首位，将项目标准化建设开展得有声有色。他能够认真落实上级单位对项目部安全管理工作的部署和要求，精心完善项目部安全标准化建设，始终践行"责任心是安全之本，标准化是安全之魂"的管理理念。他重点落实安全隐患排查与治理，不放过任何角落和细节；加强安全管理的过程控制和监督，严格把控施工环节；根据项目安全环境及时更新"安全双清单"，使安全管理更科学、精准；注重安全生产文化建设，积极营造"人人关注安全、重视安全、参与安全"的良好氛围。

项目外协施工人员流动性强，素质参差不齐，安全意识淡薄，常

常心存侥幸，对安全规定置若罔闻。王伟平发现后，责令停工整改，并向相关安全负责人问责。他常说："安全工作就是要不留情面，不做样子。"他的不懈努力，有力保障了重点项目的顺利实施，提前完成年度勘查任务。在总局、西北局、地质勘查院各级安全检查中，项目安全工作得到充分肯定，并在2023年获得西北地质勘查院"安全先进集体"荣誉，他个人也荣获西北地质勘查院"安全先进个人"称号。

"千淘万漉虽辛苦，吹尽狂沙始到金"，这是王伟平从事地质工作的深刻感悟。多年来，从昆仑山到祁连山再到西天山，变的是工作环境的恶劣程度，不变的是历经艰苦锤炼出来的地质人及其坚守主业的初心。

望山而攀　向云而逐

——记中国冶金地质总局昆明地质勘查院叶金福

远离城市的喧嚣繁华，叶金福选择了以山川为伴，与岩石对话，用岁月的沉淀和积累，默默诉说着大地与自然的故事。叶金福，作为地质队伍中的一员，以一丝不苟的工作态度，展现出对地质工作的深沉热爱；以默默无闻的实际行动，践行着地质人"三光荣""四特别"优良传统，讲述着自己与山川和岩石的不解之缘。

勤勉敬业守初心

1992年，叶金福参加工作，此后常年扎根野外，在风餐露宿、跋山涉水的地质勘查一线摸爬滚打30余年，积累了扎实的学科知识和丰富的实践经验，成为中国冶金地质总局昆明地质勘查院的"老牌"技术能手。他的职业生涯丰富多彩，足迹不仅遍布云南的崇山峻岭和高原寒地，还深入过老挝、越南等东南亚国家的偏僻丛林，在酷热的丛林中探寻地下宝藏。因语言、风俗不同，工作难度剧增，那段日子，叶金福记忆犹新。

从冶金西南地质勘查局昆明地质调查所到如今的昆明院，地质工作不断转型，机构多次调整，而叶金福作为项目骨干的地位始终稳固。他始终秉持科学态度，运用技术手段，不断完善自我，持续保持着对地质工作的热忱。

作为多个项目的负责人和核心技术人员，叶金福始终保持认真负责、严谨务实、积极主动的工作态度，圆满完成了各项任务。在同事的印象中，叶金福在野外工作时，总是坚持每天第一个上山，选择最远的路线和最有挑战的工作，回到室内还经常加班到深夜，又是最后一个离开的人。

叶金福默默耕耘，以忠诚、勤勉、踏实的工作，赢得了上级和同事们的认可，曾多次荣获昆明院"先进生产工作者"称号。然而，面对荣誉，他不骄不躁，依旧保持着对工作的热情，认真履职尽责。

找矿报国显本色

锰矿作为大宗战略性矿产资源关系到国计民生与国家安全，云南文山壮族苗族自治州成矿地质条件优越、矿产资源丰富、潜力巨大。2006年至2007年，叶金福带队开展云南丘北—弥勒一带优质锰矿评价项目。

该项目历时两年，项目人员基本都在野外度过，他们半开玩笑地说："不是在跑路线，就是在跑路线的路上。最长2个月无休，白天跑路线，晚上整资料。"作为团队负责人，叶金福不仅要梳理繁杂的技术资料和现场数据，统筹每天工作安排，还要关心安抚队员在持续高压工作中可能产生的紧张情绪。在这两年里，他和团队对7800平方千米的调查区进行细致搜索，对大平寨等地区约100平方千米进行重点调查。经过他和同事们的共同努力，共探获锰矿石资源量834.29万吨，并提交土基冲、朵甲新寨两个普查基地。

2016年至2019年，叶金福以技术骨干身份参与云南省宣威市倘塘一带矿产地质调查项目，取得良好找矿效果，圈定5个多金属矿产资源潜力较大找矿靶区。为确保项目质量和进度，他主动参与遥感数据处理及空间数据库建设，利用休息时间提前学习、深入钻研，将地质资料整理得井井有条，通过原始数据输入实时完成原始图件绘制，大大提高工作效率的同时，还为传统地质勘查工作实现数字化转型提供了宝贵的经验。

因地质工作者的职业特性，他们总是常年奔波于野外。野外工作环境单调乏味、艰苦且危险，这不仅考验人的身体素质，更磨砺人的意志和品格。叶金福常常感慨："作为父亲和丈夫，这些年对家人亏欠太多，每次休假都匆匆忙忙，无法好好照顾家庭。"但作为地质工作者，他脸上的岁月痕迹和坚定眼神，以及这些年取得的丰硕成果，都见证了他对地质找矿事业的无悔付出。

历经风雨志弥坚

2022年10月，习近平总书记给山东省地矿局第六地质大队全体地质工作者的重要回信，是对地质找矿成果和地质工作者优良传统的高度肯定。作为即将退休的地质技术人员，叶金福心怀"国之大者"，继续开拓创新、攻坚克难，奋战在矿产资源勘查工作一线。

在云南省保山市龙陵县的野外地质调查工作，项目时间紧、任务重，又逢高山雨季，野外工作累计时长6个月。项目组除叶金福外都是年轻队员，但他作为老同志毫无架子，从不懈怠，坚持白天上山调查，晚上回来整理编录、采样，处理原始资料，同时还肩负着培训年轻队员的重任。年轻队员感慨说："每次项目难度都比想象中大，幸亏有叶工这样经验丰富的老前辈带领我们、指导我们、培养我们，让我们快速成长。"叶金福作为昆明院的"老牌"技术能手，努力培养年轻人解决实际问题的能力。听到年轻队员的评价，他说："年轻队员说向我学习，但我却觉得是他们的新思想、新技术和年轻人的活力影响着我。我们优势互补、共同进步。"正是他这种无私奉献、谦虚谨慎、待人真诚的工作作风，赢得了大家的尊重和认可。即将退休的他，还争分夺秒地参与"师带徒"工作，努力传承毕生经验和知识，令人敬佩不已。

叶金福以不甘平庸的钻劲，在平凡岗位上实现人生价值，以实际行动诠释了新时期普通地质工作者的高尚情怀。

从"新"出发　做地勘行业的新主力
——记中国冶金地质总局第一地质勘查院冯三川

4月的内蒙古，虽已告别冰天雪地，但距春暖花开的明媚仍相去甚远。在这样一个春寒料峭、冻杀年少的夜晚，一位90后正伏案埋首，时而在图纸上勾勾画画，时而把键盘敲得噼里啪啦，时而又仔细翻阅书籍——他便是冯三川，中国冶金地质总局第一地质勘查院的一名地质工程师。

2012年，冯三川像无数毕业生一样，怀揣梦想进入第一地质勘查院成为一名地质人。然而，他却又和多数留在城市的毕业生不一样，那些人烟稀少却资源丰富的地区，成了他的奋战阵地。和他一起并肩作战的是一支由精兵强将组成的团队，其中有野外工作技能娴熟的测量工、熟悉各种规范的物探人、综合能力强的地质人及不惧辛苦的钻探人……冯三川不禁思考，他在团队中能扮演何种角色？与老一辈地质人相比，经验、技术、精神皆有不及，那比什么呢？答案是"新"！作为90后新人，当从"新"出发。

应对新挑战：实现精神洗礼

"三光荣"优良传统一直是地质找矿的重要法宝。历代地质人拼搏进取，使"三光荣"优良传统越发具体可感。冯三川作为新时代地质人，立志将其发扬光大。

2023年，他参与执行加蓬蒙比让铁矿及翠泉多金属矿初勘项目，团队共有8名专业技术人员。项目位于加蓬刚果河一带，属热带雨林气候，艰苦程度不言而喻。潮湿闷热的天气、肆虐的蚊虫、出没的野兽、难行的道路，以及电力和水利设备、通信信号的缺失等，诸多困难横在面前。但他们并未退缩：没有电，就用便携发电机限时供电；没有水，就用皮卡车去附近河里运水；没有信号，就徒步到离驻地1千米外的山头高地连接信号；车辆难行，就在矿区和驻地之间步行往返；野兽出没，就雇当地熟悉环境的向导来防范。每次外出，都要认真小心查看有无大象、豹子的脚印，即便如此，也还是多次与蟒蛇、绿蛇相遇，甚至碰到比人还高的大猩猩，靠着向导手中的砍刀"虚张

声势"，才得以避险。

如果说野兽是可以躲避的"明枪"，那么毒虫就是难防的"暗箭"。驻地白天烧树皮生烟，晚上在房间喷杀虫剂、点蚊香，即便如此，大家还是被蚊虫叮咬得遍体鳞伤，起水泡、化脓是常事。甚至，大家还相继染上了疟疾。但为了不影响工作，冯三川和伙伴们相互打气、咬牙坚持、默契配合、攻坚克难，最终完成任务，获得甲方好评，也将中国人民勤劳善良的美好品质传播到了非洲。这段工作经历对冯三川而言，是全新挑战，让他终身难忘，在接受精神洗礼的同时，也使"三光荣"优良传统融入他的工作，有了独特的新内涵。

引进新方法：寻求找矿新思路

进入地质勘查行业已经10多年，冯三川见证了地勘装备从罗盘、放大镜、地质锤，到电脑、GPS、数码相机，再到卫星地图、手持分析仪和无人机的更新换代。他深知，勘查技术也需要加快更新，仅依靠老一辈地质人的找矿经验和传统的找矿方法已远远不够。于是，这位头脑灵活的90后，便尝试运用先进技术和创新方法为地质找矿开辟新的途径。从MapGIS、ArcGIS等专业的成图软件，到遥感、三维地质等专业的找矿技术，都是他的学习方向。地勘项目执行过程中难题不断，如有时候明明异常很高但钻打下去却无有效矿体，或找到的矿和设想的不符合。此时，他便废寝忘食探究原因，提出思路，不放过任何一处矿化异常，不忽略任何一点数据，引导大家多角度多方位发现成矿的规律。新方法、新技术的应用，促使团队形成了一套科学合理、立体交叉的现代化综合找矿理论，成功完成多项国家基金项目，并提交了多个大中型矿山的勘查报告，如内蒙古科尔沁右翼中旗乌兰中铅锌银钼多金属矿普查报告、内蒙古贺根山—索伦山地区铬铁矿调查评价报告、加蓬蒙比让铁矿勘查报告、河北省平泉县金宝矿业有限公司下金宝金矿资源储量核实（详查补勘）报告等，这些报告的圆满提交充分验证了该找矿理论的有效性。

学习新技术：探索 AI 新领域

找矿不止，创新不停。AI 的兴起，激发了冯三川的浓厚兴趣，利用 AI 可处理地质工作中的大量数据，如地质调查、卫星影像、历史勘探数据等，通过预测分析，能发现传统方法难以识别的模式、异常和潜在矿床。随着地表矿、露头矿的减少，"攻深找盲"对找矿技术提出了新要求，AI 无疑为找矿开辟了新路径，也为他开启了新世界的大门。为此，他马不停蹄地投入新一轮学习，探索地质数据自动化处理、勘探模型构建、异常检测、资源预测与评价、风险控制与决策支持等人工智能在地质勘探中的新用途。

有人向往星辰，盼望能上九天揽月；有人追逐大海，期待能下五洋捉鳖。而作为地质人的冯三川，钟情于厚土，渴望用创新思维和革新勇气，探索那厚土之下的宝藏奥秘。从"新"出发，追"新"前行，冯三川们在探索中必将逐渐成长为地勘行业的新一代主力。

那些梦想和地质有关

——记中国冶金地质总局浙江地质勘查院朱志华

年少时总向往着自由，盼望着能像风一样，跨过山河和大海。中国冶金地质总局浙江地质勘查院的地质工程师朱志华，也曾是这般如风的少年，如今成为总局"青年岗位能手"的他，仍似风一样辗转于广袤无垠、地大物博的华夏大地，执着探寻那山海变迁中蕴藏的奥秘，深度挖掘那地质万象背后潜藏的玄机。

梦想　在感召下坚定

提及梦想，孩子们的心中各有憧憬：有的渴盼成为警察，以正义之剑惩恶扬善；有的向往身穿戎装的军人，用热血之躯保家卫国；有的立志成为医生，凭精湛医术救死扶伤；还有的期盼站上讲台，用知识之光教书育人。而朱志华却独独钟情于地理学家徐霞客，想效仿他走遍世间的山山水水，去体悟"海到无边天作岸，山登绝顶我为峰"的豪迈气魄，实现"丈夫当朝碧海而暮苍梧"的壮志豪情。于是，在2008年，这位出生在江西省上饶市婺源县的18岁少年，怀揣着一颗既激动又忐忑的心，踏入了东华理工大学的校门，毅然选择了与梦想最为贴近的地质专业。

2012年，大学毕业的朱志华入职中国冶金地质总局第一地质勘查院衢州分院，正式开启了他的地质职业生涯。然而，真正步入工作岗位后，他才惊觉，现实中的这个行业和自己心中的梦想存在着不小的落差。虽说工作确实能让他踏足许多未曾去过的高山、草原、雪域、大江，可他根本无暇欣赏大自然的旖旎风光，毕竟，工作的重心深埋地下，映入眼帘的更多是构造、断裂、地层、岩心……再加上风餐露宿、披星戴月的艰苦，一度让他心生沮丧，梦想似乎也变得遥不可及。就在朱志华陷入迷茫之际，单位给他安排了一位经验丰富的师傅——70多岁的纪效义，这位老前辈坚持和年轻一辈一同奋战在野外一线，在倾囊相授专业知识的同时，更是以自身的实际行动，生动诠释着"四特别"优良传统的真谛。老前辈的率先垂范，深深触动了朱志华的内心。

在项目组里，像这样的触动还有许多。在参与浙江省的一个银矿项目时，历经5个小时的翻山越岭，他们终于到达目的地，却惊愕地发现采样位置是竖井，而此时他们携带的装备却并不充足。为了不耽误项目进度，作为项目负责人的邢伟挺身而出，让大家用安全绳吊着他慢慢下到竖井去采样。邢伟身先士卒的行为，烙印在了朱志华的心底。在这群可亲可敬的地质人的精神感召下，日复一日的耳濡目染，朱志华内心的梦想悄然升华，"为地质事业奋斗终生"的誓言，成为他越发坚定的信仰。

因平凡而伟大
——冶金地质优秀技术工人奋进实录

本领　在逆境中增长

为实现梦想，朱志华一直在磨砺自身本领，从地质找矿，到地质灾害与地质环境研究，再到矿山综合开发领域，他一路奋勇前行。2020年7月的一个夏日，朱志华接到紧急通知，需独立承接一个矿地综合开发利用类项目的投标工作。此前一直专注于地质找矿的他，面对这类从没接触过的全新项目，感觉无从下手，首次独当一面，着实让他有些心慌意乱。但当他的目光触及办公室墙上"打造一流绿色资源环境服务商"几个金色大字时，他暗暗握紧了拳头，决心一定要拿下这个项目。身为一名合格的地质人，不仅要探寻出"金山银山"，更应与时俱进，在守护"青山绿水"的征程中贡献自己的力量。于是，他和项目组同事们齐心协力、铆足干劲：白天，他们奔赴项目进行实地踏勘，虚心向资深专家请教；夜晚，他们埋首于文献资料中，查找可借鉴之处，潜心研究工作方案。近1个月的时间里，他们先后3次推翻原有底稿，重新开始，最终打磨出了最优的技术方案。

然而，中标仅仅是解决难题的开端，当时单位还没人做过矿地综合开发利用类项目，加之时间紧、任务重，短短3个月内就要提交普通建筑石料勘查报告和施工设计方案两份沉甸甸的报告。起初朱志华心里也没底，但遇事轻言放弃不是他的行事风格。接受任务后，他一方面如饥似渴地查阅相关专业知识，另一方面诚恳地向相关方面的专家请教，逐步厘清了项目实施的整个脉络，将项目推进行的每个细节都落实到位。没过几天，施工进场时还是遭遇了棘手难题。当时原本预定6名技术人员参与项目实施，然而到了确定进场施工的关键日子，单位技术人员调配不开，项目组仅剩下他和一名测绘人员。怎么办？"再难也要坚持！绝不能耽误工期。"项目开展期间正值酷暑时节，他带领着那唯一的测绘队员，每天清晨上山傍晚下山，一整天下来，汗水早已湿透衣衫。正是凭着这股敢拼敢干的韧劲，才在人员极度短缺的艰难处境下，确保了项目野外工作如期圆满完成，并顺利通过验收。随后，进入室内报告编制阶段，由于报告涉及采矿、环境、施工等多个复杂领域，编制过程困难重重。常常夜深人静，朱志华仍在翻阅资料、整理数据，就这样忙碌了整整2个月，直至顺利提交整个项目的成果报告，最终成功填补了单位在该领域的短板。

管理　在实践中精研

随着自身专业技术能力的稳步提升，朱志华肩负的责任也越来越大，他从普通组员逐步成长为组长、技术负责人，再到项目负责人，一个个严峻的考验纷至沓来。他深知成为一名优秀的项目负责人必须是面面俱到的全才：既要精通项目涵盖的专业知识，又要娴熟掌握统筹协调人力物力的技巧；善于开展高效沟通，更要精确把控各类风险。为达成这一目标，他努力钻研专业理论，考察众多项目类型，在每一个项目实施过程中，不断地学习，向同行取经并以榜样为标杆，工作能力也在这持之以恒的学习中实现了质的飞跃。如今，他已能游刃有余完成一个项目的全流程，精心制订工作方案、合理分配工作任务、妥善处理内部冲突、充分激发成员潜能、严格把控项目质量、全力保障安全生产、与甲方保持密切沟通、同乙方紧密协作、精准测算成本、及时跟进回款，每一个环节都规划得有条不紊，每一步行动都

因平凡而伟大
——冶金地质优秀技术工人奋进实录

能扎实落地。专业领域的硬实力和管理层面的软技巧在他手中完美融合，运用自如，助力他成功主持完成了大大小小近20个项目，包括了地质勘查、地质调查、地质灾害与地质环境治理、矿体综合利用等多个关键领域。

"无冥冥之志者，无昭昭之明；无惛惛之事者，无赫赫之功。"正因立志高远、脚踏实地，2023年，朱志华荣获总局"青年岗位能手"称号。面对荣誉，朱志华却坦然处之，他深知，作为与时代同行的新时代青年，必须与时代脉搏同频共振一起奋进，继续以地质人的担当融入国家建设和民族复兴的大潮之中，向着人生的下一个目标奋勇冲刺。"志之所趋，无远弗届，穷山距海，不能限也。"在追逐梦想的道路上，朱志华的脚步从未停歇，将继续砥砺奋进。

平凡岗位上的地质"小兵"
——记中国冶金地质总局西北地质勘查院刘小兵

刘小兵，一位在地质勘探领域默默耕耘30年的资深技术人员，以其卓越的专业技能、勇于创新的精神和无私奉献的品格，在平凡的岗位上书写了不平凡的业绩。他不仅是中国冶金地质总局西北地质勘查院的技术骨干，更是同事们心中的一名全能"小兵"，一个在困难面前能挺身而出，用智慧和汗水解决问题的人。他的独特之处不仅在于能够迅速适应新技术，将编程技术应用于地质勘探中，大大提高了工作效率，更在于那份对地质勘探事业的热爱和对技术创新矢志不渝的追求。

困境中展锋芒

2023年，新疆阿勒泰地区非金属勘探项目现场，五六台挖掘机轰鸣作响，日夜不停地推进浅井作业，甲方要求在1个月内完成野外作业。时间紧、任务重，技术人员每天上山编录，夜晚还得整理资料，长时间高强度工作让他们身心俱疲。为了抢时间，项目部决定先赶制浅井素描图电子版，纸质版后续慢慢完善，可这终究是权宜之计，并未完全解决问题。关键时刻，刘小兵结合项目需求，凭借多年积累的编程功底，仅用3天就研发出适配浅井编录的软件。只需项目人员把数据整理好，他导入后，一张电子化的浅井素描图便能迅速生成，为大家整理纸质版图纸节省了大量时间，工作量近乎减半。

同年，西北局六队续做境外锰矿的储量核实项目，吸取过往资料收集的教训，此次项目人员出国时就着手收集资料，开展实地核查的时候，将电子版数据资料一并收集回来。回国后，刘小兵被抽调过来，参与储量核实项目。有了此前的经验和充分的准备，面对海量钻探数据，即使项目人员只有3人，他们也没有丝毫的胆怯，运用多款地质软件优化了100多个剖面上的钻孔，精准圈连了矿体，采用剖面法和垂直纵投法高效完成了储量计算，短短两个半月便圆满完成任务。

在项目部，刘小兵是公认的全能型人才，同事们都亲切地称他"小兵"。1994年毕业于山东冶金技术学校钻探专业的刘小兵，工作中面对专业难题，总能第一时间驰援，与钻探人员并肩作战。他还是项目上的多面手，身为高级电工，年轻技术人员常常望而却步的接电连线问题，在他手中能迎刃而解。采样工作更是驾轻就熟，亲手打造的劈心机派上大用场，刻槽样、劈心样、化探样、岩矿鉴定标本等各类样本采集都堪称典范。

近30年的职业生涯，他始终坚守地质找矿一线，默默奉献。

紧跟时代步伐

迈入新时代，地质找矿领域迎来翻天覆地的变革。以前的陈旧手段早已过时，电脑和专业化地质软件成为地质人的得力助手，大幅提升了找矿效率和成功率。老地质人还记得，2010年的时候，电脑在队里还是个稀罕物，配备稀少，队里的老技术人员都不太会操作。如今，新一代地质队员用电脑写报告、作图已经稀松平常。

刘小兵亲历了这一变化。过去，他在磅纸上、米格纸上绘制地质图。电脑地质制图软件出现后，他发现原来地质图件可以直接用电脑绘制，甚至有的图件可以只录入信息就能自动成图，真是太便捷了。

自此，刘小兵开始对地质制图软件产生了浓厚的兴趣，开启了学习之路。从 MapGIS 到 Section，从图件矢量化起步，逐步掌握自动生成柱状图、自动生成地质剖面设计图等。随着电脑制图技术越发娴熟，大家也都把小兵当成了技术员，每到项目技术人员忙不开的时候，忙完本职工作的小兵就会主动帮助技术人员制图。

刘小兵并未满足于此，当他发现网上自动成图软件所制作的图件与单位制图要求有偏差后，决心对制图软件进行二次开发。一次境外锰矿储量核实项目的经历，更让他坚定了自己的想法。当时面对甲方 Surpac 软件导出的海量数据与未知转换格式的难题，没有更好的解决办法，全队只能齐心协力进行人工处理。这件事让小兵很受触动，此后，他便自学了 VBA 和易语言编程，踏上了"小软件"研发之路。

点亮团队之光

近年来，刘小兵从项目实际出发，聚焦如何在作图上推进项目高效运作的难题，夜以继日地钻研数据规律、反复编程测试，最终将富有变数的原始数据转化为一幅幅准确的电子地图，研发出"清风"系列"小软件"，涵盖浅井成图工具、钻孔图生成辅助工具、地化剖面曲线生成工具、实测剖面生成辅助工具、工程采样平面投影工具、米格纸生成工具、视倾角换算工具、岩石描述大全工具等，为项目顺利推进、按时完成提供了强大的技术支撑。

在立足岗位的基础上，刘小兵通过自身努力，为团队带来了超乎预期的惊喜，作出了超职责范畴的贡献，在岗位上闪耀着独特的光芒。他的表现让人们忍不住赞叹：看，这就是小兵的超能量！

刘小兵用智慧和汗水展现着地质人勤恳敬业的工匠精神，彰显对技术钻研的满腔热忱。他以实际行动证明，哪怕身处基层岗位，也能迸发出创新的火花，为单位发展和冶金地质事业贡献力量。他的故事昭示着无论岗位高低，只要心怀梦想、勇于实践，每个人都能成为技术能手，为行业的发展添砖加瓦，为社会进步贡献力量。

铸造新一代地质人的精气神

——记中国冶金地质总局西北地质勘查院张文璟

33岁的张文璟常笑着说:"我的愿望,就是多找矿、找大矿。"这位闪耀在中国冶金地质总局西北地质勘查院地质勘查中心的技术负责人,同时也是西北局备受瞩目的青年骨干,正以脚踏实地的奋进之姿,书写着属于自己的华章。

他是这么说的,也是这么做的。自2015年满怀激情踏入西北地质勘查院以来,他主持了新疆甜水海地区六幅1:5万区域地质矿产调查、新疆和田县红黄岭铅锌矿预查、新疆哈巴河金矿基地资源评价工程等项目。每一个项目都见证了他对地质事业的深情厚意与执着坚守。在这些项目中,他倾注了无数心血,组织编写的新疆和田县红黄岭铅锌矿预查报告荣获"新疆地勘基金优秀报告和优秀找矿成果奖",这份殊荣是对他辛勤付出的最佳褒奖。而他个人获得的"中央企业优秀共青团员"和西北局"先进工作者""优秀科技工作者""安全生产先进个人"等诸多荣誉,如同璀璨的星辰,照亮了他砥砺前行的职业征途。这一切成绩的背后,是他那颗爱岗敬业、奋发进取的拼搏之心,他用自己的实际行动,诠释了什么是真正的青年担当!

因平凡而伟大
——冶金地质优秀技术工人奋进实录

初生牛犊不怕虎

青藏高原的无人区，常常被外界视为苦寒之地，然而在地质队员看来，这里不过是一张条件艰苦的"工作台"，他们长年累月要在这张"工作台"上记录地质数据。2015年，初出茅庐的张文璟就被分配到了这里，开启长达5年的高原磨砺生涯。初到工作区，受高海拔影响，大家都相继出现了高原反应：有的晚上胸闷、呼吸困难、整夜失眠；有的在奔赴工作区的途中突然昏迷，只能紧急送下山救治；有的持续腹泻，药物难以缓解。张文璟同样出现流鼻血、胸闷等反应，但在困难面前，他和队友们没有退缩，经过几天的休整，逐渐适应了高原恶劣的工作环境，圆满完成了野外各项工作任务。

2018年，张文璟勇挑重担，担任红黄岭矿产调查项目部的负责人。红黄岭地区海拔高达5500多米，两山夹峙，受地形所限，项目部只能驻扎在两山之间，空气凝滞，许多队员失眠，只能苦坐着熬到天亮。钻探施工人员因难以承受高原反应的折磨，换了一批又一批，而张文璟却始终坚守在野外生产第一线。功夫不负有心人，在他的带领下，队员们不懈努力，终于圆满完成了工作，找矿效果显著，获得新疆地勘基金主管部门的高度赞誉。

2021年6月，张文璟被任命为地质勘查中心技术负责人，同时担任新疆哈巴河金矿基地资源评价工程项目负责人。上任伊始，挑战便接踵而至。作为地质勘查中心技术负责人，他需要时刻跟踪中心10多个项目的进展情况，既要做到心中有数，还要为项目攻克技术难关，严守项目技术质量关键防线。而作为总局的重点找矿项目——

新疆哈巴河金矿基地资源评价工程项目的负责人，更是责任重大。面对初次涉足的北疆地区，矿区的地质情况知之甚少。面对陌生的地域、复杂的探矿权和采矿权、大量未整理的资料，如何梳理出清晰的工作思路，成为摆在他面前的紧迫难题。张文璟没有慌乱，而是在心里默默谋划。这个项目时间紧、任务重、标准高、要求严，为尽快完成项目施工设计，他常常彻夜不眠、通宵加班。面对专家提出的各类问题，他耐心细致地反复修改完善。最终，在他和团队伙伴们的努力下，项目设计在总局组织的评审会上获得好评并顺利通过。

攻坚克难见成果

新疆哈巴河金矿基地资源评价工程找矿任务紧迫，为了保证按时顺利完成工作，张文璟开启了"712魔鬼工作制"，起早贪黑，常常忙碌到深夜才返回宿舍，用"魔鬼"形容一点也不夸张。从盛夏酷暑天到腊月霜雪夜，不曾间断。久而久之，矿山的人都知道晚上亮灯的"那间办公室"是谁在加班。

面对哈巴河金坝南矿带钻孔布设、金坝矿山资源接替、工程跟踪与技术指导、综合研究等复杂课题，张文璟充分展现出智慧和坚韧。基地内矿体形态复杂，尤其是金坝南矿带为隐伏矿体，矿化强度弱、矿体圈连困难、找矿难度大。他凭借扎实的专业知识，深入研究，大胆提出矿体产状新思路，经过反复验证，这一思路为找矿工作打开了新的突破口。通过对控矿因素的细致剖析，总结出成矿规律，精准指出下一步找矿方向，从而发现了高品位矿体，为项目推进立下了汗马功劳。在工作中，张文璟始终秉持科学严谨的态度，重视质量。野外检查时，一旦发现质量问题，如岩心摆放不规范、采样不规范、矿化有遗漏等，他总是第一时间与技术员沟通，现场督促整改，绝不放过任何一个可能影响找矿成果的细节。他性格坚韧不拔，执行力强，他常说："没有执行力就没有竞争力，速度第一、完美第二、行动第一、想法第二。"

作为总局组建的"青年找矿特战队"的中流砥柱，张文璟接到任务后，总能迅速反应，在极短时间内将工作细化分解安排下去，合理设置时间节点，并全程跟踪管理，确保每项任务都能按时完成。正是凭借这种雷厉风行的执行力，才能够让项目在总局组织的中期检查和野外验收中获得了优秀。

安全时时在心中

张文璟常年奋战在青藏高原羌塘无人区，那里自然环境恶劣，空气含氧量仅为平原地区的40%，属高原高寒气候，昼夜温差极大，稍有不慎便有可能遭遇失温冻伤的危险。交通条件更是令人望而却步，融雪期间，洪水随时可能汹涌而至。生产及生活物资采购路途远，单程700千米，途经5处达坂，道路艰险万分。无人区内无信号，只能依靠卫星电话与外界保持联系。

面对如此严峻的安全挑战，张文璟凭借多年积累的高海拔作业经验，提出了"五级十天"制度。"五级"，即依据海拔高度划分出5个循序渐进的台阶——库地2960米、三十里3670米、红柳滩4200米、阿克赛钦5000米、项目驻地5500米；"十天"，即强调总体适应时间不小于10天，帮助队员逐步适应高原环境，降低高原反应带来的风险。他还准备了充足的高原反应防治物品，氧气、葡萄糖及治疗各种疾病的药物一应俱全，同时积极开展心理干预，排除队员们的心理恐惧。

针对高原行车极易遭遇的陷车问题，张文璟提出"压车印，走河道，人勤探"的原则，即在有车印可循时，紧跟老车印前行；河道相较于边滩更为安全，是行车的优选路线；在未知区域，哪怕多耗费人力，也要做到宁可人探路百步，不让车贸然行驶一步。不仅如此，他还为车辆配备了钢丝绳、千斤顶、拖车钩、木板、铁锹、对讲机、卫星电话、车载导航仪等安全工具，确保在遇到突发状况时能够及时应对。每次上下达坂，他都会提醒驾驶员停车休息检查，防止精神恍惚和疲劳驾驶引发事故。此外，针对钻机高空作业安全、帐篷旁河道加深加固等问题，张文璟事无巨细地考虑周全，为高原项目的梳理开展筑牢了安全防线。

"路漫漫其修远兮，吾将上下而求索。"这是张文璟的地质誓言，立志将一生奉献给地质事业，甘做地质"探宝人"。这份决心必将引领他在艰苦卓绝的地质工作中，铸造新一代地质人卓越的人生，书写属于他们的壮丽篇章。

不了高原地质情

——记中国冶金地质总局第二地质勘查院陈德贵

在广袤的国土之上，总有一些人以坚韧不拔的精神和甘于奉献的品质，书写着属于时代的辉煌篇章。陈德贵，一位来自中国冶金地质总局第二地质勘查院的高级工程师，宛如璀璨的星辰，融入了冶金地质勘查领域的浩瀚星空，耀眼的成绩闪耀在青藏高原上。

自1990年7月参加工作以来，陈德贵便一直在地质勘查技术岗上默默耕耘、发光发热。2008年，他荣获"莆田市优秀共产党员"称号，此后连续多年被评为总局第二地质勘查院"先进个人"。2015年，他获得总局"最美冶金地质人"称号，参与的西藏山南地区泽当矿田铜多金属矿普查项目荣获"2011年度十大地质找矿成果奖"。2023年，他再度获得福建省"省直机关优秀共产党员"称号和总局"优秀共产党员"称号。2024年，又荣获全国机械冶金建材行业"最美职工"称号。

"三十功名尘与土，八千里路云和月"，他用实际行动诠释着敬业精神、责任担当、坚韧不拔、甘于奉献！

心怀浪漫　寻宝5800米

"纵马奔驰，一日千里，帅。想想都能高兴得唱起歌来。"地质人陈德贵当时就怀着这样的心情，甚至还憧憬着骑在马背上的浪漫。

时间回溯到2006年8月，第二地质勘查院西藏分院决定组织人员对拉萨地区和林芝地区交界处的新矿权区——吹败子矿区进行首次踏勘。全部技术员加上司机组成临时"突击队"，并分成6个小组按6条路线进发，计划一天完成矿权区踏勘工作。为节省体力、提高效率，大家决定骑马上山。第二天凌晨5点多，人员全部到齐，他们打着手电筒，雄赳赳、气昂昂，披星戴月地向山上进发了。

第一次骑马，大家都觉得很新奇，特别兴奋，有人在马背上摆出各种姿态，还有人扬言说要当一回飞将军李广。然而没过多久，大家就发现并没有想象中那么美好，有的马开始不听话乱跑乱蹦，甚至有人被甩下马背，喜悦瞬间转为不安。为确保安全，大家只好改为步行上山。行进中，随着海拔逐渐升高，高原气候开始变幻莫测，"一山看四季""十里不同天"的自然奇观不断涌现，忽一阵大雨倾盆，没过一会儿又晴空万里，接着又乌云密布、狂风大作，一阵夹杂着冰雹的暴雨倾盆而下，让人感觉仿佛到了冬天。

工作区的重点矿化地段在海拔6000多米，为完成任务，陈德贵一行只能继续徒步攀爬。随着海拔升高，一部分人开始出现高原反应，头疼、头昏、四肢无力。在高原极度缺氧的环境下，头脑保持清醒异常困难，大家只能张大嘴巴，使劲呼吸。但是没有一个人选择退缩，大家都沿着既定路线咬牙前行，心里想着一定要完成任务再下山。

陈德贵的 GPS 显示已经爬上了 5800 多米，"前面路线可能就有矿化点"，他越想越兴奋，头脑越发清醒，心里默念着要挑战 6000 米，完成全部既定工作。这种信念激励着他继续前行，努力搜寻矿化踪迹。不过，负责人考虑到安全问题，通过对讲机要求所有人必须立即收队。

尽管最后仍有部分工作未完成，但已达到预期目标，收获了几个矿化点的成果。更值得骄傲的是，陈德贵创造了 5800 米个人最高爬山记录，成为当时所有人中爬得最高的人。

咬紧牙关　抗争高原恶劣环境

"上山馒头下山石头，住帐篷原来真不浪漫。"2015 年，陈德贵作为西藏雪莎区矿调项目负责人，带队到西藏隆子县—朗县一带实施区矿调工作。该项目工作区面积大、地表切割强烈、地形落差大、工作路线长，为提高工作效率，常常需要野外露营住帐篷。每次都要雇当地熟悉环境的农民工，备足物资，研究分配好既定路线和帐篷驻地，交代好路线上可能遇到的情况，采取"兵马未动粮草先行"的战术，两天完成一条填图路线任务。每次安排一组人员提前托运食物等物资到山上指定地点安营扎寨，等待其他各组人员天黑时集中前往休整。其他各组作业人员翻山越岭过沟，沿着既定路线反复上山下山，同时潜心观察记录、采集标本和采矿化样，天黑前陆续回到营地。

高原上生产安全隐患多，人身安全是头等大事，每到夜晚陈德贵总是忧心忡忡。西藏雪莎区矿调工作区的一些山顶岩体破碎易崩塌滚石，工作路线经常是悬崖峭壁，山沟灌木丛茂密，野生动物出没的事件时有发生。一旦有人员未按时归队，就令人揪心不已，山上几乎没有信号，难以联系，只能等待，直到看见队员归来的身影，陈德贵才能把心放下来。

驻地多在4500～5000米高海拔的地区，临时关牦牛的圈地相对平整一点，成为搭建帐篷的好地方，但在这么高海拔的地方想有个好睡眠实在太难，陈德贵像得了失眠症一样难以入眠，好不容易入睡了，有时只睡了一两个小时就醒了，之后就翻来覆去再难入睡，夜晚显得格外漫长，煎熬着盼天亮，好好睡觉成了一种奢求。陈德贵说，以前觉得住帐篷是很浪漫的事，从那以后就知道了，在高原上住帐篷是多么难熬的一件事。

坚定信念　取得勘查硕果

自2002年起，陈德贵开始从事野外地质矿产勘查工作，其中，2004年至2011年和2014年至2018年两个阶段共11年扎根西藏，主要承担地质技术工作。2023年由于工作任务繁重、技术人员紧缺，他再次选择登上雪域高原参加地质项目工作。

与陈德贵共事的队友都亲切称呼他"阿贵"，大家对他的评价是具有大局意识、责任意识，工作勤奋敬业、作风务实、严谨细致、坚持原则，待人坦诚宽厚。在西藏时，他还有一个外号叫"牦牛"，做起事来像牦牛一样敢于担当、善于作为、勇于攻坚克难。正因团队中有许多像他一样的人，第二地质勘查院才会在西藏取得丰硕成果。

当单位动员陈德贵再去西藏时，有些同事劝他别去，他为西藏项目作的贡献已经很多了，而他自己对是否要参与新一轮找矿突破战略

因平凡而伟大
—— 冶金地质优秀技术工人奋进实录

行动的项目，也思考良久。对于同事和家人的担心，陈德贵并非没有考虑过，曾经高原反应带来的胆战心惊仿佛就在昨天，历历在目。如今，他已年逾五十，家中还有未成年的孩子，说没顾虑是假的。

但他毅然决然地选择了再次踏上青藏高原的征程。"也许我和青藏高原的地质工作还有未了的情缘吧"，陈德贵后来这样说。

如今，"阿贵"们再出发，继续在新一轮找矿突破战略行动中发光发热，奋力书写百强地质队新篇章。

青春绽放在西天山

——记中国冶金地质总局新疆地质勘查院陈亮

青春因担当而精彩，岁月因奋斗而美丽。在中国冶金地质总局新疆地质勘查院的一线队伍里，有这样一位"热辣滚烫"的地质队员，他叫陈亮，年轻的项目负责人，生于1996年，宛如一束无须借助光亮，就能自我"熊熊燃烧"的火焰。他以青春为笔，在大山里书写着拼搏故事，用昂扬斗志，展现着新时代地质青年的担当。

蜕变的365天

2019年7月，陈亮本科毕业进入新疆地质勘查院，入职第一天，就加入了十二师头屯河沿岸综合整治（东岸）绿道建设项目。当时，项目已进入收尾阶段，野外验槽和室内整理资料成为重点工作，项目总工跟陈亮说："接下来工作主要由你来完成，不清楚的可以随时问我。"这关心的话语，实则是沉甸甸的托付。

陈亮心里明白，这既是组织的信任，更是一场严峻的考验。他全身心投入项目，跑遍了工地每一个角落，每处基槽的点位、数据、土质、边坡等信息，在他脑海中逐渐构成了一幅立体清晰的地图，理论

因平凡而伟大
——冶金地质优秀技术工人奋进实录

与实践的结合让他既兴奋又忐忑。一串串复杂的数据，需要严谨细致地解密，才能揭示地基承载力是否符合要求。他时而埋首于资料堆中潜心钻研，时而跑到现场实地勘查，时而对照设计图纸反复核验，遇到疑难之处及时向总工请教。功夫不负有心人，很快他对基槽的基本情况及检验形成了初步判断，得到了总工的肯定。信心倍增的他心里有了底，趁热打铁、加快节奏、各个击破，仅用一周时间便圆满完成基槽检验任务。

随后的重点就是室内资料整理工作，面对堆积如山、错综复杂的资料，陈亮不敢有丝毫懈怠，生怕遗漏分毫。整理中，他敏锐察觉到有个别资料缺失，就从头到尾全面复盘，发现传统整理方法可能不完善。于是，他大胆尝试、逆向思维，建立"负面清单"，整理逻辑由"需要什么整什么"，变成"还缺少什么补什么"。这一创新走出了一条新路，一张大型资料整理地图很快形成了，初出茅庐的陈亮实现了资料搜集无误且文件整理系统合理。

2019年10月，陈亮加入乌鲁木齐兆龙玺园桩基施工工程，全权负责室内资料整理工作。随后又参与多个项目的野外施工，几个月下来，布置点位、野外取样、岩性判断等工作已驾轻就熟。

2020年7月，陈亮马不停蹄，担任乌鲁木齐恒大御泉四季首期开盘区K地块基坑支护工程及地下车库灌注桩工程项目的技术负责人。从施工方案设计到现场生产施工，每一项任务安排、每一个环节质量把控，陈亮都亲力亲为、精益求精，高质量完成各项任务。

入职一年间，陈亮完成了从技术员到技术负责人的惊艳转身。

征服西天山

少年自当扶摇上，揽星衔月逐日光。2022年6月，陈亮加入新疆和静县××铜多金属矿详查项目，担任地质组长，主要负责钻探编录和资料整理工作。项目地处和静县中高山区，这里海拔3500米，群山巍峨险峻，地形错综复杂，尽管事前做了充足的心理准备，可当陈亮踏入工作区现场实地踏勘时，仍不禁倒吸了一口凉气：没有路、没有水，用电全靠柴油发电机发电，油料和水需从山下长途运送，通信仅靠卫星电话维系。一路上，高山深壑、烟雾缭绕，还有猛兽毒蛇时常出没，松动的风化岩石随时可能滚落伤人……然而，开弓没有回头箭，陈亮和项目人员翻山越岭、披荆斩棘，在悬崖峭壁间攀爬，艰难地开展野外工作。

2022年8月，矿区新冠疫情防控形势严峻，项目进入静态管理，陈亮作为唯一坚守勘查一线的地质人员，独自扛起重担。他一头扎进深山，凭借顽强毅力，硬是在山里恶劣环境下坚守了120多天。山中气候变幻莫测，即使正值七八月，出现雨雪交加也是常事。白天，他攀爬于崎岖的山路，累了就啃几口干粮，渴了就喝几口雪水；夜晚，他在单薄的帐篷里整理内业，梳理规划下一步工作。为加快项目进度，他经常凌晨两三点去机台查看钻机施工情况。由于新冠疫情原因，项目部物资运送受阻严重，油料短缺、缺水断电成为常态，雨天信号中断更是雪上加霜，与外界沟通困难重重。但艰辛的付出终有回报，陈亮独自完成各项地质任务，赢得甲方高度赞誉。

2023年9月至今，陈亮担任新疆和静县××铁矿水文地质勘查项目负责人。带着新的任务，陈亮再度踏上新征程。此次，挑战越发艰巨，要征服的山峰更高，地质条件更为复杂，环境更为恶劣——工作区海拔近4000米，12月的最低气温低至零下32摄氏度，凛冽寒风刀割般刮过脸庞，极寒天气致使河面结上厚厚冰层，无法清楚地观测地表河流。为确保观测数据的真实可靠，陈亮带领团队用石头一寸一寸砸开冰面，艰难进行观测作业。凭借这份执着与坚守，项目施工进度和质量均获得了甲方高度认可。

孜孜以求不懈怠

"读万卷书，行万里路。"陈亮深知"胸藏文墨怀若谷，腹有诗书气自华"的道理，入职以来，他始终爱岗敬业、勤勉奋进、刻苦钻研，在求知的路上砥砺前进、奋发不止，品尝探究的艰辛、感受成功的喜悦。

2020年5月，陈亮参与乌鲁木齐恒大旅游乐园运动中心灌注桩工程，负责灌注桩施工及钢筋笼制作与下放，这是项目施工的关键环节，那时他刚刚入职10个月，却面对诸多未知的挑战：不同地层成桩效率和周期如何把控，施工平台如何搭设最合理，沉桩、钻孔清渣、灌注水下砼等如何精准施工。难题如潮水般涌来，陈亮虽感压力如山，但并没有被压倒，而是迅速调整状态迎难而上。那段日子，他每天睡眠时间不足5小时，一头扎进文献资料里，一本接一本研读，甚至深夜给其他技术人员打电话探讨问题。白天，他扎根项目现场，紧盯每一个施工细节，遇到疑难问题，必追根究底。随身携带的笔记本上，密密麻麻记录着各工艺的施工步骤和重点，还有心得体会。历时2个月，陈亮圆满完成任务。

一路走来，陈亮用一项项优异成绩诠释着"提供资源保障、实现产业报国"的职责使命，以责任与坚持塑造出一位在繁华喧嚣尘世中坚守初心、恪尽职守、立足岗位默默奉献的一线冶金地质青年的良好形象。他多次荣获新疆地质勘查院"先进个人"称号，荣获"中央企业优秀共青团员"和总局"优秀共青团员"等称号。

少年意气风发，光芒璀璨夺目。陈亮将奋进之志雕琢成激昂的青春诗篇，无惧艰难险阻，勇敢向前，向上向善，让炙热的青春绽放出最耀眼光彩！

异乡的高原勘探者
——记中国冶金地质总局山东局蒙古正元有限责任公司孟祥熙

在遥远的蒙古高原上，有这样一群勘探者，他们毅然远离家乡，踏上了一条充满挑战与希望的征程。在那片陌生的土地上，他们披荆斩棘，默默忍受着孤独与艰辛，执着地追寻着隐藏在大地深处的秘密。他们将青春与梦想融入蒙古高原，将足迹深深镌刻在广袤的大地上，绘就了一幅壮丽的画卷，激励着无数追梦人勇往前行。

孟祥熙便是这群勘探者中的杰出代表。自2009年第一次踏上蒙古高原，至今已有十几个年头，他每年在蒙古国工作8个月以上。如今，他已从当初那个初出茅庐的小伙子，成长为冶金地质境外工作的业务技术骨干。

与狼共舞

2022年8月，孟祥熙负责蒙古国科布多省额尔登布仁水电站勘察项目测绘工作，该项目位于蒙古国西部高原，地广人稀。工作期间，他经历了车辆抛锚、遭遇野狼毒蛇等太多难忘之事。在测绘初期，孟祥熙带领工人布设航测像控点，一天的工作结束时，太阳已西斜，金黄色余晖洒在山巅。此时，尽管爬了一天山的他们身心俱疲，汗水也不知浸透了衣服多少次，但阶段性工作的完成加上眼前的美景，仍让他们内心充满了满足和喜悦。然而，这种美好和满足很快被打破，他们不得不面对更为现实的问题——下山。正所谓上山容易下山难，工作区高差近700米，戈壁高原的山脊光秃秃，山势陡峭，沙石不断滑动，山脊两侧是深沟险壑，往下望去是几十米的深渊，令人一阵眩晕，两腿发抖，若一不留神，就有可能出危险。而此时的他们，体力早已耗尽，每走一步都仿佛在突破体力的极限。突然，一阵嗥叫声划破了寂静的山谷，他们被吓得后背汗毛炸立，惊出一身冷汗。他们知道，这是野狼在示警，提醒着他们所处环境的险恶。但很快，他们镇定下来，默契地加快了脚步，明白此时畏惧无济于事。最终，经过3个小时的艰难跋涉，晚上11点，他们回到了山下的驻地。那一刻，望着漫天的星空，他们紧紧地握了握手，那种感觉尽在不言中。这段经历也让他们收获了珍贵的友谊。事后回忆起当时的那种无助和恐惧，他们都觉得若非亲临其境，根本无法真正体会。

风与雪的洗礼

南戈壁省的某勘查项目是蒙古正元公司2023年的重点市场项目，该项目地处蒙古戈壁，项目驻地气候变化无常，多年干旱少雨，狂风、沙暴频繁发生，野生动物时常出没，通信信号更是没有。因环境恶劣，周边牧民早已搬离，工作区成了名副其实的无人区，给项目工作带来了前所未有的挑战。

进入9月下旬，工作区天气骤变，气温急剧下降，夜间室外温度降至零下，昼夜温差达30摄氏度以上。9月末，项目部遭遇了一次飓风吹塌蒙古包的惊险场面。那是午夜时分，孟祥熙和同事们刚刚入睡，突然，一阵强风袭来，将地质编录组的蒙古包吹歪，顶棚封布和毛毡被掀开，蒙古包瞬间变露天，一时间包内尘土飞扬，一片狼藉。好在孟祥熙长期在野外工作生活，经验丰富，急忙叫醒酣睡的同事，大家紧张有序地穿好衣服，用水浇灭火炉，收拾行李，保护好地质资料，用最短的时间撤离了千疮百孔的蒙古包。第二天早上风力减弱后，看到被飓风肆虐过的蒙古包惨状，众人不禁唏嘘不已。

如果说大风天气是一道难关，那么低温严寒的风雪天气则是更严峻的考验。进入10月，国内正值金秋时节，而项目工作区所处的蒙古高原，却常常出现"上午风雪交加，下午风平浪静"的奇特景象。10月4日，矿区在连续几日的大风后气温骤降，大雪突至。由于工期紧、任务重，孟祥熙与全体项目人员不敢有丝毫懈怠，他们顶着寒风冰雪的侵袭和强烈紫外线的照射，全力推进工作进度。白天，他们在刺骨的寒风中进行探槽编录；晚上，他们回到驻地又连夜整理资料，讨论第二天的工作安排，不放过每一个细节，不遗留任何一个问题，充分展现了"严真细实快"的工作作风。他们加班加点完成探槽挖掘、编录工作，为后期勘查钻孔定位提供了重要技术支撑。

舍家为公　责任在先

对于这些远在异乡的高原勘探者而言，他们所需要承担的不仅是境外勘探的艰难困苦，还有对家庭的深深牵挂和对亲人的愧疚之情。2021年8月，孟祥熙与公司的13位同事一同前往蒙古国，这一走便是16个月。出发时他的妻子已怀孕，孩子出生时他未能陪伴在妻子身边，等到2022年12月底回家时，孩子都近1岁了。作为父亲，他错过了孩子的很多第一次，第一次哭泣、第一次微笑、第一次爬行、第一次牙牙学语，留下了无法弥补的遗憾。而妻子为了能让他安心工作，每次通话时从不把家里的困难告诉他，都是强忍泪水，跟他说家里一切都好，让他一定注意安全，照顾好自己。

在新时代新征程中，像孟祥熙这样的蒙古正元人，始终坚定信念，聚焦"主责主业"，传承和发扬"三光荣""四特别"优良传统，不断提升技术创新和专业能力。他们紧紧围绕地质勘查主业，以实干和担当推动新一轮找矿突破战略的实施，切实将习近平总书记重要回信精神转化为干事创业的动力，以实际行动践行"一带一路"倡议，继续奋战在蒙古高原，把青春、智慧和汗水毫无保留地献给无上光荣的地质事业。

山巅上的坚守

——记中国冶金地质总局山东正元地质勘查院韩智昕

他，荣获过"全国地质勘查行业地质调查优秀人才"、总局"青年岗位能手"、山东正元地质勘查院"先进工作者"等称号。他参与完成的山东省莱芜市张家洼矿区富铁矿深部勘探项目荣获"中国冶金地质总局'十二五'以来重大找矿成果奖"。

他，一名90后，参加工作仅10年。

他，把地质工作诠释成了别样的浪漫。手拿地质锤、肩挎地质包、脚踩登山鞋、身着迷彩服，穿梭于崇山峻岭之间。清晨轻装上阵，日暮满载而归，以"艰苦朴素、求真务实"的精神对待每一天，用笃定坚守的脚步丈量大山10年。

他是韩智昕，中国冶金地质总局山东正元地质勘查院徐建项目经理部技术负责人、项目经理。

从书本到大地：地质启蒙之路

2014年的夏天，韩智昕第一次野外工作，当时作为实习生的他刚报到便被派到了莱芜张家洼铁矿普查项目。张家洼铁矿是有着半个多世纪勘查历史的老矿区，他在这里的首项工作，是对从千米深钻孔取出的岩石样本进行岩心编录。

起初，刚毕业的韩智昕以为，这是项极简单的工作，但是很快发现，书本知识和实际工作差异很大。野外地质工作并非简单的勾勾画画，而是需要脚踏实地的实践和长年累月的积累，从一个个钻孔岩心的识别编录、一件件样品的结果处理，到一幅幅地质图的展绘成图及最终报告的完成，都离不开扎实的野外工作作支撑。正如"操千曲而后晓声，观千剑而后识器"，在不断的实践和前辈的"传帮带"引领下，他逐渐明白，搞地质需要的是工匠，地质事业依靠的是那些具有执着专注、精益求精、一丝不苟、追求卓越工匠精神的劳动者。

不惰者，众善之师也。前辈身上的工匠精神深深地影响着韩智昕等年轻的地质人。在后续的工作中，精益求精成为韩智昕工作的坐标和坚守。

从实践到理论：磨砺工匠精神

在东平土地质量地球化学调查项目中，韩智昕等人继续坚守精益求精原则，一丝不苟采样，严格按规范要求采集每个分样点的样品。尽管这种采集方式工作量大，但他们的努力有效提升了样品的准确性，最大限度地保证了化验数据的代表性和真实性，确保了成果的可靠性。

经过一年多努力，项目累计采集样品7000多件，获得15万余个地球化学分析数据，编制了162幅地球化学基础图件和应用图件，项目野外验收和报告评审获得"双优",还荣获了"2019年度山东省自然资源科学技术奖三等奖"。这些数据和成果为该地区优势农业布局、环境保护和监测及矿产资源勘查工作部署提供了重要依据,也为数字东平建设提供了基础资料。同时,韩智昕的工作技能也得到了大幅提升。

严谨的工匠精神一旦形成,就如同刻在骨子里、流在血液中一样,自然地融入日常工作。2022年,莱芜某铁矿勘探项目开始实施,因是老矿区有前期积累,韩智昕他们本可以沿用以往的分层方法,不必对地层分组进行更详细的分层,但他们所坚持的工匠精神促使他们"学必究其心得,业必贵其专精",最终邀请专家为项目人员进行全面系统的地层培训,厘清成矿相关地层特征,为钻孔地层的细分和找矿及研究成矿理论提供了更加精准的依据。

该项目成果为山东正元地质勘查院鲁中地区后续找矿工作提供了技术支撑,其提交备案的铁矿石资源量1.2亿吨,延长矿山寿命20年,产出613亿元产值,保障3000人以上就业,具有重要的经济价值和社会效益。

从艰辛到荣光:升华人生价值

10年地质生涯,韩智昕始终为所热爱的地质事业拼搏。虽然工作中充满了艰辛和挑战,甚至伴有生命危险,但他从未放弃。他深知,每一块岩石、每一处矿产都在唱着只有地质人才能听得懂的"歌谣",歌里蕴含着山川的秀美、河流的清澈、地球的历史、矿藏的富饶。

韩智昕回忆道:"我至今无法忘记2017年普通的一天,我像往常一样一边采样，一边爬上了东平县一座灰岩山，工作到临近中午，才找个地方坐下来，看着眼前的风景，啃着带来的干粮。春风轻柔地吹拂脸庞，深山弥漫着清新的空气，鸟儿欢快地鸣啼，山下远方的大清河自东向西注入东平湖。那一刻，我感觉自己与这山融为了一体，心胸顿时开阔了，仿佛能装下这浩瀚宇宙，'海到无边天作岸，山到绝顶我为峰'的感觉油然而生，那一瞬间，我找到了地质工作者独有的快乐。"

韩智昕从辛苦单调的地质工作中找到了快乐，更是从中找到了他从事这项事业的价值感和使命感，于是更加积极学习、勤奋钻研，不仅努力弄懂一线地质工作问题，还积极参加专业技术培训，提升业务水平。2020年11月，他作为山东正元地质勘查院参赛队员，代表中国冶金地质总局参加了2020年全国行业职业技能竞赛"山东地矿杯"第三届全国地质勘查行业职业技能竞赛，荣获岩心编录第一名和"全国地质勘查行业地质调查优秀人才"称号，所在团体获二等奖。

"潮平岸阔催人进，风正扬帆正当时。"韩智昕脚踏实地，努力奔跑。10年间在人生赛道中跑出了优异成绩，为冶金地质事业作出了贡献，不负青春、不负韶华。未来，韩智昕将在地质领域这个人生赛道上继续昂扬奋进、守正创新，投身新一轮找矿突破战略行动，力争在矽卡岩型富铁矿勘查工作中再获突破，为冶金地质续写辉煌添砖加瓦。

坚守初心　鬓霜只为矿山染
——记中国冶金地质总局第二地质勘查院穆小平

穆小平，地质工程师，现任中国冶金地质总局第二地质勘查院西藏地勘部副经理，主持西藏片区的地勘业务工作。自1997年7月参加工作以来，他始终坚守野外一线，全身心投身于地质事业，以脚步丈量大地，用汗水铸就出色业绩。

险象环生　坚守工作不退缩

穆小平刚参加工作时，被安排从事工程地质勘查工作。经过短期的实战锻炼，他迅速成为能够独当一面的技术骨干。在负责福建可门火电厂这一重点地质勘查项目时，他参与了从初勘到详勘再到补勘的全过程。由于项目组人员较少，他一人担负多个钻孔编录，为保证工期和质量，经常加班加点，有时到凌晨两三点。该项目工作区位于浅海滩涂，大部分钻孔布在海上，需退潮后才能进入滩涂开展放样工作。为保证放样准确性，他要深入1米深的淤泥滩涂，每次完成放样后，都会感觉浑身像散了架一样。在钻孔编录中，为保证钻孔质量，他全程跟钻，进行现场技术指导和岩心编录。因长时间在摇晃的工具

因平凡而伟大
——冶金地质优秀技术工人奋进实录

船上，导致严重"后遗症"，晚上睡觉都感觉仍在摇晃，但他的精益求精为工程顺利施工提供了坚实的质量保障。

2005年，穆小平回归自己熟悉但又有点陌生的地质勘探领域，2007年被派往新疆工作，一去就是5年。长期生活在南方的他，克服了工作区的崎岖地形、高温、干旱、地广人稀等恶劣环境，终日与风沙和烈日为伴，足迹遍布阿勒泰、塔城、哈密、伊犁等地。他回忆在哈密熊凤湾矿区开展工作时，因帐篷密封性差，每天的饭菜和被褥里都是细沙，他们自嘲"从不缺调味料"。清晨，他们早早外出勘查，下午2点返回驻地。工作区室外温度高达40多摄氏度，太阳烤得刺疼，帐篷内也有30多摄氏度，高温难耐。为了凉快些，休息时他们就躺在床底下。在库尔木图矿区，因修路导致进出不便，每次都要一两天时间，他们就住在了矿区，一住就是二十几天。每天不仅要当心毒蛇蝎子，还要防备熊狼。因无电无信号，长时间无法与家人联系，甚至有家属找到单位，说他们失联了。

2014年8月，穆小平和同事们在西藏丁青县西浪达进行矿产地质调查。翻过5200米山脊后，他们遇到了一大群岩羊，岩羊停栖在山背面，看到他们都没有惊慌逃离，很让人好奇，但因调查任务紧迫，他们只能匆匆离开。后来得知，东边调查路线上有狼群，岩羊因惧怕狼群而聚在一起，他们不禁后怕不已。10月，在类乌齐县的长毛岭乡填图时，他们爬至半山腰发现山顶上匍匐着一头类似牦牛的动物，惊讶这个季节牦牛为什么会在5000多米的山顶。当时没多想便开始工作。返回时，发现它还在，出于安全考虑，他们谨慎靠近观察，过了一会儿，那个动物站了起来，居然是一只估计有400多斤的棕熊。他们一声不敢出，悄悄备好防护器具，赶紧向上风口撤离，最终安全下山。

西藏的雨季，天气变幻莫测，前一刻还风轻云淡、阳光明媚，下一秒便会电闪雷鸣、风雨交加。有次上山勘查，经过一处河沟时，水很小，回来的时候，因上游暴雨，河水涨至1米多深且水流湍急。眼看天色越来越黑，他们在原地等了3个小时，水位下降后，十几个人才挂着登山杖、绑着安全绳，手拉手蹚过冰冷刺骨的河水，安全返回驻地。野外工作中，虽危险状况常见，但穆小平从未畏惧退缩，始终坚定地前行。

勇挑重担　找矿实现新突破

2012年，穆小平担任西藏努日铜多金属矿区详查北矿段项目组组长，钻孔施工编录时，发现钻孔资料未达到详查设计方案预期，经与详查总指挥沟通，决定由他带领团队重新填图、重新圈定矿体查找验证。他们克服高原缺氧，在沙地荆棘中穿行，在漫天黄沙中开展工作。对地表填图并结合钻孔资料总结了北矿段成矿规律，修改了详查设计方案。在矿区详查中，穆小平仔细观察，在北矿段沟边发现了与矿区钻孔主要矿体底板一致的岩石，推测上部可能存在主矿体，次日一大早他便组织团队上山寻找地表露头，最终发现了厚约30米、特征与钻孔主矿体一致的地表出露的主矿体。通过槽探和钻探控制，找到了较好矿体，在北矿区约3平方千米范围内找到好矿，增加了北矿段详查资源量，为矿区创造了较大经济价值。

2020年，穆小平接受单位安排，勇挑重担，重回西藏，担任西藏经营部负责人。他充分发挥专业技能，加强与地方政府部门及企业的常态走访对接，巩固拓展西藏市场。经过努力，与西藏大冶完成了努日铜矿区北矿段详查矿权延续工作，取得新一轮的勘查许可证。同时加强与国土空间规划技术单位的协作，实施完成西藏桑日县国土空间总体规划项目，项目质量在山南市技术评审中排名第一，在西藏自治区自然资源厅技术评审中位居第三。之后又中标了桑日县城市规划专项设计和国土空间详细规划项目，为拓宽西藏地勘工作市场积累了经验、取得了业绩、增强了竞争力。

此外，他还积极参与协调第二地质勘查院在藏各项目地方关系，为项目推进出谋划策，及时办理相关手续，确保各项目顺利推进。

鼎力相助　密切"藏汉一家亲"

2015年，穆小平担任西藏丁青超基性岩体铬铁矿调查项目的技术负责人，项目工期很紧。但因当地藏民不理解不配合，项目组无法开工。他多次深入走访藏民家中，动之以情，晓之以理，宣传国家政策，分析问题，说明工作特点和做法，消除群众疑虑，还主动帮助解决实际困难，增进了与村民的友谊，提高了信任度，取得了支持，为项目实施创造了条件。

在西藏的十几年里，穆小平经常受院党委的委托，向当地乡村村委会、小学、孤寡老人、困难户开展献爱心捐助活动，宣传党的民族政策，与藏族干部互帮互助。2023年在桑日县卓吉村开展"迎中秋庆国庆送温暖"走访慰问活动，卓吉村支部向第二地质勘查院西藏驻地赠送了"扎根基层，破难题；鼎力相助，得民心"的锦旗，生动体现了"藏汉一家亲"的密切关系，为第二地质勘查院在西藏长期开展工作营造了和谐稳定的社会环境。

斗转星移，沧桑变化，昔日年轻的技术青年，两鬓已不知不觉地染上了风霜。穆小平在地质找矿这个平凡的岗位上，演绎精彩人生，将平淡工作干得有声有色，传承着老一辈地质工作者的精神。因长期野外工作，饮食作息不规律，他患上了高血压。但身体不适没能阻挡他对工作的热情，他仍然像一位坚强的战士，在雪域高原挑战自我，默默地奉献着自己的青春年华。

精益求精攀高峰

关于"邓喜金"这个名字

——记中国冶金地质总局三局中晋环境科技有限公司邓喜金

关于"邓喜金"这个名字，在很长一段时间里，它不过是中国冶金地质总局三局中晋环境科技有限公司一位平凡的岩心钻机班长的名字。然而，时光流转，这个名字逐渐闪烁出耀眼光芒，承载着无数的汗水与荣耀。2019年9月30日，三局网站一则《我局在总局钻探职业技能竞赛中获得佳绩》的通讯，仿佛一颗投入平静湖面的石子，激荡起层层涟漪。文中提及，中晋公司选拔三名选手，代表三局参加了总局钻探职业技能竞赛，经过团队的努力拼搏，三局荣获团体第二名；而邓喜金更是荣获个人三等奖和总局"技术能手""青年岗位能手"的称号。自此，"邓喜金"这个名字开始为人熟知。

翻看各个极具挑战性项目的责任牌，"邓喜金"屡屡映入眼帘。从八月飞雪的内蒙古满洲里，到黄沙遮日的新疆戈壁滩；从有"世界屋脊"之称的青藏高原，到"乌烟瘴气"的山西"黑煤山"……他的足迹遍布大江南北，先后带班完成有效钻孔50多个，累计钻进深度达20000多米，其中包括2个超千米大角度深孔项目，成绩斐然。

如果有人问邓喜金：工作15年，哪一个项目令你最深刻？

他或许会提及，是刚工作就参与的内蒙古满洲里努其根乌拉多金

因平凡而伟大
——冶金地质优秀技术工人奋进实录

属勘查项目。2009年中秋节的夜晚，狂风裹挟着暴雪突袭，瞬间吹飞了项目组驻扎的帐篷，睡梦中的队员们被刺骨的寒风冻醒，无奈之下，只能迎着鹅毛大雪，连夜起来抢修帐篷、保护设备。进入11月，气温骤降至零下30多摄氏度，真正是滴水成冰。施工时偶有水滴落在安全帽上，瞬间化作一道冰凌，就连设备也难耐严寒，频频罢工，工程被迫一次次停工修整。

他或许会回忆起娄烦县寺头村狐姑山铁矿勘查项目，那是他所接触过的钻孔最深的挑战。钻孔深度达到1100米，难度高、风险大、专业性强。面对面露难色的队友，他却摩拳擦掌，渴望借这难得的机会好好"雕琢"技术。经过一次次小心翼翼地摸索和操作，他积累了宝贵经验，练就了沉稳的心理素质，雕琢出快准稳的"手上功夫"，为日后带班带队筑牢根基。

他大概还会说起代县铁矿区勘探项目。施工至最后一个孔时，因中间孔位长时间坍塌掉块，孔径增大，钻动过程中钻杆猛然甩断，断头部位恰在超径部位，捞取难度陡增，处理稍有迟疑，上部坍塌就可能引发二次事故。那晚正逢他值夜班。千钧一发，他果断决定自己下入丝锥。历经8个多小时的艰苦奋战，上下转动提拉，终于将掉块磨碎，成功提拉而出。他悬着的心伴随朝阳缓缓升起，慢慢归位。十几年走来，他始终坚守初心，把简单的事做好、做精，持续向职业技能高峰攀登。

他或许还会谈及新疆吐鲁番齐石滩多金属勘查项目。此地偏远，需要乘坐30多个小时的火车，再转乘12个小时的汽车才能到达。地表温度高达50多摄氏度，入目皆是滚烫的红沙。更为棘手的是，因地层构造特殊，钻孔角度都在70度甚至65度左右，直接加剧了钻进难度。作为钻探骨干,即使高温炙烤,他依然全神贯注,仔细聆听孔内钻进发出的声响,紧盯钻机阻力变化,综合研判孔内钻具阻力、钻进速度、钻进泵压和冲洗液耗量,迅速精准决策。很快,凭借丰富的工作经验,他根据地层角度和硬度,分析钻头钻速和压力,采用特殊方法,解决了钻孔上飘难题,圆满完成了高难度斜孔钻探任务。就这样,他日复一日坚守钻机边,长时间户外暴晒让他皮肤黝黑,脖子起皮刚长好,就又被来年的夏日晒伤。回首那段3天才能洗一次脸、睡前还得抖落床铺上的沙土的日子,他坦言不想再经历,可稍有停顿,又坚定说道:"如果单位有需要,必当义无反顾,责任在肩,义不容辞。"

"邓喜金"这个名字于家人而言,还有三种身份:儿子、丈夫和父亲。他是远在他乡为事业奔波无暇常伴父母的儿子,是与妻子分隔南北、唯有春节才能团聚的丈夫,是微信头像用女儿照片、朋友圈里满是女儿成长点滴的父亲。微信视频是维系一家人情感的纽带。然而,他长期奋战的地方,多是没有通信信号的偏远地区,他们曾在没有电力设施的环境下坚守3个月、5个月甚至更久。

多年来,"邓喜金"这个一直以"岩心钻机班长"的身份存在的名字,悄然孕育出新的内涵——他渴望成为一名中国共产党党员。他的入党申请书和思想汇报,字迹工整、言辞真挚,紧密贴合日常学习和工作点滴。从字里行间,能清晰看到他思想的成熟蜕变、工作的日益精进,更能深切感受到他一心向党的赤诚。有人夸赞他材料写得认真生动时,他又是憨厚一笑说:"想进步嘛,现在我是钻探队最年轻的队员,眼见前辈陆续退休,人数越来越少,单位和行业也在不断改革,我总是想赶快跟上。"

以共产党员的标准严格要求自己,他能吃苦。新疆戈壁滩,黄沙

因平凡而伟大
—— 冶金地质优秀技术工人奋进实录

漫天、烈日炎炎，他未曾退缩；代县的寒冬，滴水成冰，事故突发，他挺身而出。

以共产党员标准严格要求自己，他善钻研。实践中积累了不同的地质结构打钻窍门，大幅提升了钻进效率，加快了工程进度；攻克钻具钻杆带提引起脱落难以捞取的难题，让浅孔事故处理化繁为简。

以共产党员的标准严格要求自己，他勤学习。闲暇之余，取得了大专学历，还将自己锤炼成工地"多面手"，维修机器、电焊切割、修理电路，样样精通，推动了项目的顺利开展。

"邓喜金"这个名字，如今承载着越来越多用实干创造出的辉煌成绩。2019年11月9日至11日，第二届全国地质勘查行业职业技能（钻探）竞赛中，他获得实际操作技能"钻具组装"全国第二名，获得"全国地质勘查行业钻探优秀人才"称号。2023年，他带领班组人员奋战水岭底工地，依据地层特性，巧用便携式模块化钻机钻进，单月钻孔突破1000米。

展望未来，"邓喜金"这个名字，还将续写更多无限可能……

要学那泰山顶上一青松

——记中国冶金地质总局青岛地质勘查院司纪永

"要学那泰山顶上一青松，挺然屹立傲苍穹。八千里风暴吹不倒，九千个雷霆也难轰。烈日喷炎晒不死，严寒冰雪郁郁葱葱……"现代京剧《沙家浜》中的这些唱词，将松柏风雨不能摇、雷电无所惧，顶天立地、坚韧不拔的形象刻画得淋漓尽致。中国冶金地质总局青岛地质勘查院的司纪永便是这样一位如泰山青松般挺立的员工，他坚韧刚强、百折不挠，赢得了领导和同事们的认可和钦佩，彰显了冶金地质人讲奉献、有作为的本色。

千磨万击还坚劲：向下深深扎根　向上蓬勃生长

30多年前，刚毕业的司纪永来到山东局第二勘探队，成为一名钻探工。钻探工作最"接地气"，极为艰苦，常常风餐露宿、四海为家，一身泥浆一身油是常事，一旦开钻，更是24小时不停机。正是这样的经历铸就了司纪永石头般的意志。

也是30多年前，司纪永响应单位号召，前往山东岩土工程勘察总公司第二工程处（即山东正元建设工程有限责任公司潍坊分公司前

因平凡而伟大
——冶金地质优秀技术工人奋进实录

身）从事基坑项目，由此与工程勘察事业结下不解缘。他从最基础的工作做起，和泥浆、推混凝土、抬钢筋……随着工作的深入开展，高中文化水平的司纪永深感自己知识储备的不足，便如饥似渴地学习，最终顺利取得大专学历。

至今，司纪永仍清楚地记得第一次看到自己参与的桩基上建起万丈高楼时的那份激动，那一刻，他暗暗下定决心，一定要让自己设计施工的桩基撑起一座座直入云霄的大厦。

此后，司纪永在施工时认真观察师傅们的操作技巧，牢记要领，不懂就问，有任务就抢着干，寻找一切机会参加各种"实战演习"。业余时间，他四处搜寻桩基施工的技术资料和规范，翻遍了《建筑桩基检测技术规范》《桩基工程质量验收规范》等20多种桩基施工理论书籍。无论严寒还是酷暑，他从未懈怠，连轴转赶工期是常有的事。夏天，作业的基坑温度逼近40摄氏度，如同一个大蒸笼，走进去，感觉人都要"化"了，他也被晒成了"黑铁塔"。冬天，冰天雪地，测量放线，他的手都冻僵了，却依然咬牙坚持。

30多年来，他始终保持朴素踏实的工作作风，默默奉献着自己的光和热。他坚守向下扎根的决心，保持向上生长的劲头，从钻探工一步步成为工长、生产经理、项目经理，以实际行动提升了项目施工的效率和效益。他多次荣获山东局"优秀项目经理""优秀共产党员"和公司"优秀工作者"等称号，并荣获山东省总工会2018年度"优秀积极分子"称号，其带领的滨海项目部还荣获山东省总工会"工人先锋号"称号。

泰山压顶不弯腰：越是艰险越向前

司纪永在推进高质量发展的进程中，始终奋勇争先、冲锋在前。2017年，他带领滨海项目部承担了潍坊分公司有史以来最大的区域性、阶段性工程项目。在3个月内，几个大项目同时开工、同步开展，最终毫无差错，圆满完成了各项任务。其中，潍坊滨海旅游集团总部基地项目基坑和桩基合同额达8800万元，针对地下水对砼和钢筋有中度腐蚀、地层有沙层且属于中密、预制桩很难沉桩施工等难题，司纪永打破常规，采用预制桩方案，实施钻孔灌注桩及特殊加固工艺，成功解决了问题。滨发商务中心项目合同额2420万元，因沿海地质导致锚索施工难度大，钻开帷幕易涌沙，司纪永从设计阶段就充分考虑施工难度，采用高压旋喷锚索，成为该地区首个示范案例，赢得业内赞誉。滨城集成电路项目合同额3200万元，工期仅15天，需完成3100颗钻孔灌注桩，司纪永带领团队以雷霆之速24小时完成原本需3天完成的12台潜水钻机进场任务，获得甲方高度评价。

2019年，面对高标准、严要求的驻宁消防部队项目，司纪永再次担任项目负责人。该项目工艺复杂、场地狭小，对基坑变形和沉降要求极为严格，施工难度极大。他当时本该住院系统检查心脏疾病，但在他心中"项目大于天"，不顾医生的叮嘱和家人的担忧，带上简单衣物和心脏病急救药物就奔赴项目现场。他白天坚守勘察施工现场，晚上加班查阅文献资料，活学活用外地案例经验，从施工布局，到进度协调、选择采购材料，再到外部队伍管理协调，他都身先士卒，严谨认真地把控项目全过程，最终圆满完成任务，树立了良好的口碑。

2020年，司纪永主持潍坊分公司重点项目——齐鲁医院施工项目，该项目工艺多、工期紧，距离趵突泉直线距离不足500米，稍有不慎就会影响趵突泉生态。济南市政府明确要求"必须保泉"，这如同一道"紧箍咒"，时刻提醒着司纪永。他不敢有丝毫松懈，总是最晚睡最早起，坚守工地，安排生产和管理，每天忙得不可开交。心脏不舒服时，吃几片药就继续工作，1个月下来瘦了十几斤。在关键节点推进时，他带领团队像"铁人"一样24小时连轴转，60天完成1000根抗浮锚杆，3个月圆满完成项目所有工作。看到趵突泉依然泉水清澈，潺潺流淌，司纪永悬着的心才终于放下，激动地大声宣布："项目圆满完成了。"

会当凌绝顶：求实创新勇攀高峰

自参加工作以来，司纪永无论是身处机台普通工人岗位，还是履职项目管理岗位，都始终深扎基层一线，身先士卒、以身作则，在技术突破和创新创效方面发挥了模范带头作用。

沾化铝材项目是难度很大的吹填区域软地基处理工程，2015年，上海一家施工单位提前进场却未达到设计要求，甲方重新招标，公司迅速报名，从考察到投标只有几天时间，司纪永等人经过几天几夜奋战成功中标。然而此类项目对公司而言，没有现成经验可借鉴。施工时场地汪洋一片，表面水未排，含泥量大，施工困难重重，司纪永充分结合项目实际与自身多年施工经验，请教各工艺先进队伍，梳理出一套施工工艺，并在实施中不断调整完善。最终项目组克服困难，圆满完成任务，获得甲方项目主管和监理的高度赞扬，他们以铁军顽强作风，打了一场漂亮的突击战！

　　司纪永主持的项目先后荣获"2016年度国家工程建设（勘察设计）优秀QC小组三等奖""2016年度山东省工程建设勘察设计优秀QC成果一等奖"等。但他不满足于以往成绩，时刻准备迎接新挑战。2022年初，山东局实施经营机制改革，司纪永成为项目经理部副经理，他顺势而为，以"解剖麻雀"的方式不断提升项目管理和生产效能。在淄博桓台县汇丰石化项目中，针对石化行业的特殊性，司纪永充分考虑施工票证办理、设备人员进场、现场文明施工及工期等繁杂问题，将前期准备和施工协调工作放在突出位置，防止"打乱仗"、窝工。施工中，他着力提高效率，严格细分项目人员，实行一人多岗、多劳多得制度，对劳务队伍实施奖罚制度。项目开工正值新冠疫情防控关键时期，司纪永一手抓防控一手抓生产，在落实疫情防控措施的

同时，采取有力措施降低新冠疫情对项目建设的影响，全力保障项目推进。

一位同事感慨道："司经理的脑子比电脑还好用，项目上大大小小的事情，他每天到工地转一圈，就能安排得妥妥当当。"司纪永尊敬老员工，关心新员工，与大家冷暖相知，共同进步，团队的凝聚力、向心力和战斗力不断增强。

"大雪压青松，青松挺且直。"司纪永几十年如一日，如青松一般，扎根大地，以自己的方式为冶金地质事业贡献力量，朝着心中坚定的理想信念不懈奋斗。他展现了冶金地质人在奋斗征程中的风采，书写了无愧于时代的篇章！

四十年初心不改　一辈子坚守承诺

——记中基发展岩土工程分公司李柏明

李柏明，对中基发展的许多人而言，或许并不熟悉。他朴实无华，四十年如一日扎根建筑施工一线，将全部心血倾注于电力施工的安全技术和质量控制，把青春和热血奉献给了自己钟爱的事业。

守一颗初心　从年少到花甲

1985年，21岁的李柏明参加工作，作为总工程师的父亲对他很关心，常常深入工地，结合实际操作，耐心地为这个初出茅庐的"青瓜蛋"讲解施工现场安全用电的诀窍，并叮嘱他："师傅领进门，修行在个人，要下笨功夫、学真本事、做工匠人。"这些话语，深深地烙印在李柏明心中。

自幼就喜欢拆卸家里废旧收音机、录音机的李柏明，对电工有着浓厚兴趣。为成为一名优秀的电工师傅，他不仅向师傅和同行学，还主动买了《电力工程项目管理》《电力施工项目成本控制与工程造价管理》等书籍自学。向来一看书就犯困的他，这次却一反常态，仿佛"电工技术"打通了他爱学习的"任督二脉"。无论是吃饭间隙还是出差途中，他一坐下来就会翻开书；别人午休时，他仍在琢磨练习，从用电设备安装到分配、供电及使用交底，反复总结推演……正是这种争分夺秒、只争朝夕的热情，让这个青涩的小伙子逐渐成长为公司电力工程施工的"领头人"。

随着时间的推移，李柏明手上的老茧越来越厚，手掌也是伤了好，好了伤，技艺也越发精湛。1994年，北京王府井地铁项目启动，李柏明凭借扎实的专业知识和丰富的实践经验，积极投身其中。他不仅参与项目内部各项工作，还积极配合项目组、公司和其他部门的协调与沟通。在保障现场用电安全、推动项目的高效安全顺利进行方面，他提出了许多建设性建议。特别是在分电路布线方面，他提出的规划先行、整洁有序、遵循标准、兼顾扩展性的方案，被相关岗位和部门采纳，取得了显著成效，其突出的工作业绩和强烈的责任心赢得了领导和同事们的一致好评。

2020初，武汉暴发了新冠疫情，当时李柏明所在的武汉清能项目位于湖北省武汉市洪山区，处于疫情核心区域。随着3月28日武汉第一班列车开通，李柏明便开始筹备工作，组建劳务队复工。"招人"成了当时最大的难题。因为疫情影响，很多工人都选择了留在家里。为了解决这个问题，他想尽办法，向公司申请加大工人的福利待遇、协同安全部门配备完善的防护物资和药物，自己还亲自上门说服工人，功夫不负有心人，最终，项目于4月8日实现全面复工生产。

选一条路　扛起责任追求工匠精神

"精于工、匠于心、品于行。"在李柏明看来，无论是大型工程项目还是临时设施建设，无论是复杂挑战还是简单任务，都需要持之以恒地"用心"。他是这样说的，也是这样做的。

对李柏明而言，每个项目既是挑战也是机遇。在北京常营项目的施工现场，夜晚机械轰鸣，灯光闪烁，工地如繁忙的不夜城。尽管环境嘈杂，但李柏明始终保持着冷静专注，在这片24小时不停歇的工地上，"歇人不歇设备"是常态，用电设备的稳定运行至关重要。为确保电力系统的安全平稳，他每天多次细致检查电箱电线。一次检查中，他发现电箱和电线因负载过重频繁跳闸，便立即向上级领导汇报并提出解决方案。按照建议，项目组及时更换了大功率电箱，扩容用电，保障了电力系统的安稳运行。他的严谨负责赢得了甲方的信任和尊重，为项目的顺利完成提供了坚实保障。

不仅如此，李柏明多次针对施工现场设施布置合理性提出独到建议。如对于电箱电缆布置，他发现，传统方式存在电缆长、走向乱、维护难等问题，于是提出一套"三点一线"原则的布置方案，即让电源接入点、用电设备和电箱保持直线布置，减少电缆弯曲交叉。通过合理规划电箱位置，缩短电缆长度，提高了施工效率，降低了电缆损坏风险。他还在电箱周围设置清晰标识和防护措施，方便工人识别操作，增强了施工现场的安全性。

李柏明精通各类检查日常业务，确保工程信息准确及时。在电力检修中，他全程跟踪，严格控制质量，有效避免二次检修，节约人力和预算，减少材料备件消耗，大幅提高检修效率。

历经四十载春秋，200余个项目，李柏明的身影成为公司电力施工线上的一道亮丽风景线。他用40年的坚守和执着，走出了平凡但却不平庸的"电工匠"之路，用行动诠释了匠心独运和责任担当。他用实践告诉我们：唯有坚守初心，方能行稳致远；唯有始终保持对事业的热爱和敬畏，方能创造更大的价值；唯有不断追求技术进步，方能让"匠心"熠熠生辉、薪火相传。如今，这位"领头人"依旧带领团队奋斗在施工现场，严谨认真地巡检，采集分析数据……一切如往常，只为项目安全顺利保驾护航。

把钻头打进石头　把专业融入骨头
——记中国冶金地质总局第一地质勘查院张建国

他，与高山为伴、与荒原为伍，踏山梁、闯河谷，在小小机台用热血将地球亿万年的历史解读；

他，以勤劳坚守，以技术攻关，从青葱到中年，以二十载光阴雕琢匠心去破译地壳运动密码；

他，一腔热血，融进千米厚岩，把钻头打进石头；

他，万般努力，付于岩层深处，把专业融入骨头。

他就是中国冶金地质总局第一地质勘查院的一名钻探机长——张建国。

工必为之准——"凿凿可据"

2004年，张建国按照单位安排，从熟悉的工程勘察行业转至小口径岩心钻探这片新天地，开启钻探工的全新旅程。起初，钻探对他来说就像隔着一层迷雾，知之甚少，但他深知，钻探工作作为特殊工种，规章制度如铁律，操作流程严谨，既无取巧之道，更不能敷衍了事。于是，他对每一个工作细节反复钻研，确保整个流程都精准无误、合乎规范，这既是守护安全的坚固防线，更是保障技术质量的硬性需要，力争为地勘工作提供最准确、最可靠的岩心数据。从业以来，经他把关的钻孔，从岩心采取率的精准把控，到弯曲与测量间距的精准拿捏，再到孔深误差的严格控制、封孔处理的妥善到位，各个环节符合规范要求，各类记录表清晰规范，让人一目了然。

技必为之精——"望闻问切"

钻探工作绝非易事，要求数据准确可靠，操作难度更超过想象，需要采取类似中医"望闻问切"的多种手段去克服和解决。20多年来，张建国以钻机为家，认真钻研各种新知识，持续提升自己的业务知识和技术水平。从项目前期细致勘查、钻孔机构的精心设计、钻探设备的精准选择，到钻孔工程的规划及实际施工的执行标准等，他时刻保持专注，看取出的岩心，听钻进的声音，闻冲洗的泥浆，摸钻头的温度，对钻进的每道工序、每个细节都精益求精，力求完美。

2021年正月初七，当大多数人还沉浸在浓浓的团圆氛围中，张建国接到阿拉善右旗碱矿工程施工的通知。对他和单位而言，碱矿完全是陌生的领域，施工工艺从零起步，一切都要学习，在摸索中前进。这令不少人心生退意。然而，张建国挺身而出，主动扛起重担，努力四处求学、钻研探索，填补了单位在非金属钻探领域的空白。那一年，他带着1台钻机和13名队员，战斗在风沙呼啸的恶劣环境中，从3月下旬进场，到5月上旬圆满撤场，短短40天的时间，完成了2500米的钻进任务，高标准、严要求、高效率完成了生产任务，书写了令人瞩目的佳绩。2024年，在甘肃，他所在的机台克服天气恶劣、地层破碎等重重阻碍，成功完成一个孔超1100米的大角度钻孔，再度以实力彰显了他"高精专"的卓越技术水平。

能必为之全——"能文能武"

钻探工作是一项重大复杂的系统工程，一名优秀的机长，不仅要有高超的钻进技术，还要具备激发团队无限潜能的方法，更需要掌握多领域实操能力，讲究"文韬武略"面面俱到。张建国就是这样一位全能型的钻探机长。在钻探现场，协调好专业工人、工头、驾驶员等各类人员，统筹调度现场的一切资源，发生问题时，迅速反应，充分调动每一个人的主观能动性，组织大家集思广益，寻找解决问题的途径，充分展现团队的凝聚力和协作精神，此为他的"文韬"；当机器发生故障时，用精湛的机器维修、电焊切割、电路修理、钻机保养等技术功底，迅速排忧解难，此为他的"武略"。正是在他"文""武"并重的引领之下，一支氛围和谐融洽、综合能力卓越的钻探队伍茁壮成长，一次次圆满完成艰巨的钻探任务。

心必为之坚——"石赤不夺"

20年的钻探生涯，张建国的足迹遍布祖国大江南北，内蒙古、山西、河北、云南、新疆、甘肃等地的近20个工地，处处都有他拼搏奋斗的身影。在领略祖国壮美河山的同时，他也深切感受到各地气候的变幻莫测：北方的冰天雪地，南方的闷热难耐，西部的风沙肆虐，戈壁的昼夜温差，还有那突如其来的暴风骤雨，汹涌奔腾的山洪泥石流，猝不及防的冻雨大雪。

气候的变化或有迹可循，野兽的侵扰却难以预期。钻塔边游弋的狼、山涧旁饮水的野猪、草木间盘旋的毒蛇、帐篷里无孔不入的蚊虫和旁若无人的老鼠……比起山洪泥石流、雨雪天气、严寒酷热，这些更让人胆战心惊。即便提前准备了周全的应急预案，真遭遇时仍让人手忙脚乱。

面对这些可预见或不可预见的艰难险阻，张建国带领团队从不犹豫和退缩。2021年在甘南夏河钻探，当地海拔达4000米，刚抵达施工地点，机台全员15人便被头疼、乏力、气喘等高原反应折磨得苦不堪言。张建国没有退缩，他身先士卒，带领大家咬紧牙关、攻坚克难。最终，保质保量完成钻进任务，赢得甲方一致肯定，为后续合作打下了坚实根基，更为单位在当地开拓市场打开了窗口。他常说："对于优秀的钻探人来说，精湛的钻探技术只是'敲门砖'，坚韧不拔的品格、追求卓越的决心和钻研创新的执着，才是决定成败的关键。"

情必为之敛——"公而忘私"

"您拨打的电话不在服务区""您拨打的电话已关机"，这是近半个月来联系张建国时，电话那头反复传来的声音。后来从他同事口中得知，此时的他，正奋战在甘肃工地一线，争分夺秒抢抓项目进度，当地通信信号缺失，手机几乎成了"摆设"。常年工作在外，在那些难觅手机信号的偏远之地，与家人联系也成为一种遥不可及的奢望，更无从谈起对家庭的照顾。要说不思念，谁能不思念？要说不挂牵，谁能不挂牵？父母的身体、妻子的压力、孩子的成绩……可作为一名钻探机长，肩负重任，家庭的诸多时刻，他常常无奈缺席。这份对家人的愧疚和牵挂，他只能深藏心底，心无旁骛地将全部心血和精力倾注于热爱的钻探事业之中。

做一个钻探人不容易，做一名优秀的钻探人更不容易，"工必为之准、技必为之精、能必为之全、心必为之坚、情必为之敛"，此五为是张建国这个钻探人工作的真实写照，更是他坚持的真谛。

三十年磨一"钻"

——记中国冶金地质总局一局秦皇岛天元五一五钻探工程有限公司张彦斌

"没事,没事,我们都收拾妥当了,你安心工作吧!"电话那头妻子的声音故作轻松,电话这边正在工地忙碌的张彦斌却满心忧虑、眉头紧锁。一则突如其来的搬迁通知,打乱了平静的节奏,他家所在的楼必须在一日内完成搬迁。妻子的身体本就欠佳,如何能独自应对这仓促的搬迁,几句简单的"放心",怎么能抚平他内心的焦灼与惦记?可纵有万般言语、满心牵挂,项目正值攻坚阶段,现场所有的人员都至关重要。他无奈地挂断电话,沉默地望着那台陪伴他30多年如挚友般的钻机,往昔岁月如潮水般涌上心头……

一腔热血 一鸣惊人

1989年,张彦斌怀揣着满腔热忱踏入机台领域,彼时引领他入行的父亲并没有告诉他技术理论晦涩难懂,也没有告诉他实际操作和理论知识千差万别,更没有告诉他如何抵御那蚀骨的孤寂和浓烈的思乡之情。年少的他初入行业、满心茫然,然而那颗赤忱之心却在这惶恐与不安中渐渐坚定起来。不会？那就从零学起！学基础知识，啃理论书籍，练实操技能；钻研修理门道，积累实战经验，探索行业窍门；培养表达沟通能力，塑造处事思维逻辑。扎实肯干、勇于拼搏的他，凭借日积月累的沉淀和锲而不舍的努力，将所学知识灵活运用到工作实践，参加工作的次年，在河北宣化后沟金矿会战中，他与同事齐心协力一起创造了冶金系统月进尺1539.41米的全国纪录，崭露头角、一鸣惊人。

此后，张彦斌坚守入行时的誓言："既然选择了钻探这一行，我就要像钻机一样，钻劲十足，干好每一个孔，绝不会半途而废。"30多年，他就像钻机那样，初心如磐，在岗位上发光发热，省级"五一劳动奖章"和总局"技术能手""最美冶金地质人"……一项项荣誉纷至沓来，这是对他辛勤付出最好的褒奖。

一场战役　一次成长

时光流逝，张彦斌成长为机长，肩负重任。他将每次开孔视为一场战役拉开序幕，习惯在开孔前20多个小时坚守钻机，深盯修地盘、布线路、安塔架等每一个环节，直至下完套管、正常钻进，悬着的心才能稍放下。钻机钻进过程中，技术难题常常接踵而至，冲击器启动不了，转速上不来，套管被埋、卡钻甚至废钻等情况时有发生……他便带领团队昼夜不歇检测技术数据，剖析问题根源：是钻头选择有误，动力不足，还是孔壁粗糙导致排渣不畅，抑或是离合器松动，泥浆润滑不好？凭借精湛的技术和丰富的经验，他一次次攻克难关，打赢一场场生产硬仗。

技术难题仅是挑战的一方面，钻进作业涉及占地、环境污染、噪声扰民等问题，衍生出一系列棘手难题，处理不当便会导致误工、停工等严重后果。这就需要他频繁穿梭于镇政府、村委和当地农民之间，沟通协调。他始终秉持真诚待人、踏实做事的原则，耐心地与甲方、镇政府、村委会和村民们深入交流，制订地盘、道路、水电等补偿方案，动之以情，晓之以理，赢得各方认可和支持，在保障各方利益的前提下，确保施工顺利推进。

拓展宽度　征服深度

　　30多年来，从层峦叠嶂的河北深山到荒无人烟的内蒙古草原，从黄沙漫天的新疆戈壁到蚊虫肆虐的云南密林，乃至自然环境恶劣的非洲大陆，都留下了张彦斌和他的机台团队艰苦奋斗的足迹。2015年，张彦斌担任云南某锰矿钻探项目经理，他带领团队克服云南的潮湿气候，完成钻探进尺35000米，创造产值1600多万元。2017年，公司中标某地质勘查院津巴布韦铁矿钻探项目，非洲的遥远和艰苦令不少人望而却步，他不顾年龄大、身体差，主动请缨。在他的带领与感召下，公司员工纷纷响应，迅速组建津巴布韦项目部。在非洲奋战6个月，完成钻探进尺11000米，实现产值400多万元。2018年至2019年，他又带队奔赴新疆哈巴河项目施工，克服冬季严寒等不利影响，圆满完成施工任务，达成钻探进尺10000米，产值500多万元。

　　如果说400万元、500万元、1600万元是张彦斌事业拓展的广度，那么1300米、1605米、1883米就是他技术征服的深度。内蒙古东乌旗迪彦项目1300米、河北滦县（今滦州市）古马镇1605米和河北滦县马城镇1883米3个超深钻孔，见证了他对技术极限的一次次挑战、一次次突破。2023年在内蒙古，钻孔打到1700米时卡钻，距离设计深度尚远，钻孔却濒临报废，他心急如焚，但很快镇定下来，反复推敲，深思熟虑后决定处理卡钻，在1600米处将钻杆剪断。历经整整10天艰苦奋战，终于成功取出钻具，让本已准备放弃的甲方惊叹不已，挽回经济损失200多万元。这一开创性的处理举措，让张彦斌声名远扬，成为行业标杆、系统楷模。

30多年砥砺奋进，张彦斌从懵懂羞涩的中学毕业生成长为技术精湛的钻探工匠，蜕变为恪尽职守的机长，更成为桃李满园的师傅。有人问他，年近退休，职业生涯还有什么期待？他说："我现在盼望的就是钻探事业后继有人。"多年来他手把手培育年轻员工，8名出色的钻探机长和20多名钻探班长，在他的亲心教导下已然能够独当一面，这是他为单位留下的最宝贵财富。

"再等等吧！"钻机有节奏的轰鸣声中，张彦斌长舒一口气，心底默默念着对妻子的愧疚和承诺。再等等，等这些年轻人成长为生产主力军，他便能安心地离开这承载他青春和梦想的小小机台，回到妻子身边，好好弥补这30多年的亏欠。

将平凡的工作做到不平凡
——记中国冶金地质总局三局山西华冶勘测工程技术有限公司张文强

1990年出生于内蒙古的张文强和大多数人一样，既无惊人的天赋，亦无出众的相貌，更无显赫的背景和万众瞩目的成就，过着平凡的生活。然而，正是在这些平凡的经历和感受中，他学会了奉献与担当、勇敢与坚持、理解与珍惜，为平凡的人生底色增添了亮丽色彩，创造出了不平凡的成绩。

做到极致就是不平凡

张文强从事的桩基检测工作，是建筑结构的重要组成部分，其质量和稳定性直接关乎整个建筑的安全与持久，桩基检测的准确性则是保障这一切的基础。他一直致力于探索如何让桩基检测工作更高效、准确、真实，力求将这项平凡的工作做到极致。

对检测人员而言，这项工作看似技术难度不大，实则充满挑战。每天带着仪器，在钢筋水泥的"丛林"中重复大量的数据采集、处理和分析工作，烦琐至极，极易令人倦怠。但又必须时刻保持高度专注和耐心，才能避免错漏，做好工作。张文强从不懈怠，始终以认真负责的态度，踏实做好每一项工作，对每个桩基、每处细节、每个数据都仔细检测、捕捉、记录核对，确保检测结果的规范、完整和准确，及时发现潜在质量问题和安全隐患，保障建筑物的安全。这既是他的工作态度，也是他的人生追求。

做到坚持就是不平凡

重复性高的工作，能数十年如一日地保持耐心，本就不平凡，在遇到困难挫折时仍能坚持更是难能可贵。

2013年临近年关，所有人都沉浸在即将回家过年的喜悦中，刚参加工作不久的张文强却接到通知，内蒙古满世集团煤化工项目的强夯地基检测项目需要立即进场检测。他闻令而动，和项目组人员迅速收起似箭的归心，投入项目进场前的准备工作。该项目地处沙漠地区，气候恶劣、交通不便，给检测工作带来极大影响。没有道路，松软沙地使车辆寸步难行，他们只能徒步走到检测点；天气寒冷，狂风肆虐，即使戴着手套，持仪器的手仍然被冻僵。为提高效率，他们在确保安全的前提下，每天清晨出发，天黑才返回驻地，晚上又马不停蹄地处理内业。数九寒天里，在简易的活动板房里常常工作至晨星初现，张文强就这样度过了第一个不在家的春节。

2019年的冬天更加寒冷，内蒙古遭遇极寒天气，日间温度低至零下37摄氏度，张文强此时正在参与国电建投内蒙古长滩电厂新建项目的试桩检测项目。在如此严寒下野外作业，皮肤裸露不到5分钟就如刀割般疼痛。甲方要求春节前完成外业检测，为完成任务，项目不能停，他和项目组人员克服困难，全副武装，采用半小时轮班制。为防止机械设备因低温故障，他们晚上轮流值班启动机械设备，确保次日能正常工作。最终，他们争分夺秒、排除万难，圆满完成检测工作，大幅提升了公司美誉度，为后续大面积检测项目的获取奠定了良好基础。

做到创新就是不平凡

桩基检测需严格遵守工作规范，而设备和技术都在不断更新。单位每次引进新设备，张文强总是最积极的。为尽快掌握新设备，他认真研究说明书，与老设备对比数据，熟悉操作技巧和维护方法，上手操作，乐此不疲。他还通过学习和实践不断探索：如何处理不同类型的桩基，优化检测流程，提高检测结果的直观性；静载试验、钻芯法、低应变法、高应变法、声波透射法等检测手段，如何依据实际情况灵活运用并更好地配合使用，以对桩基作出全面准确的评价。经持续尝试，他不断摸索出改进检测方案、优化数据处理流程、加强结果可视化的新方法，使桩基检测效率和准确性不断提高。

做到独一无二就是不平凡

心有所向，何惧道阻且长。在10年的职业生涯中，张文强追逐梦想，将自己打磨成独一无二的"宝石"，诠释了平凡却不平庸。

在这个看似"前途"有限的行业，张文强已摸爬滚打10年，从检测员成长为项目负责人，经历的艰辛、压力、挫折和苦难，不仅让他获得了磨砺和成长，也为他带来了荣誉和成就。凭借过硬的技术和不懈的探索精神，他获得多项荣誉：2015年荣获总局三局"优秀项目总工"称号，2019年荣获总局三局"优秀共产党员""安全生产先进工作者"称号，等等。

诚如鲁迅先生所言："伟大的成绩和辛勤的劳动是成正比例的，有一分劳动就有一分收获，日积月累，从少到多，奇迹就可以创造出来。"

张文强的经历就在平凡工作中越发丰富，他人生的厚度也在这日积月累的勤奋中不断积累，挥洒的汗水终将在耕耘的土地上结出不平凡的累累硕果。

追求极致的切割匠人
——记黑旋风锯业股份有限公司吴共志

在家人眼中他是不折不扣的"工作狂",于同事而言他是令人信赖的"主心骨"。工作15年来,一直扎根在黑旋风锯业股份有限公司一线,吴共志凭着对岗位的一腔热情,刻苦钻研技术,练就了非凡本领,创造出卓越业绩,在平凡的岗位上绽放出耀眼光芒。

0.1毫米的考验

吴共志所在的激光切割班,承担着加工各类高难度、高附加值、非标异型特殊产品的重任,这类任务需要依据客户需求,精细调整程序和参数,实现精准切割,这对操作者的理论素养和实操技能提出了严苛要求。刻环片加工便是其中极具代表性的挑战,2015年,公司承接了一笔刻环片加工大单,订单量高达3000片,不仅速度要求快,精度更要控制在0.1毫米以内,细微程度几乎和头发丝无异。这令很多人望而却步,生怕稍有不慎损坏了昂贵的切割刀头。吴共志偏要迎难而上,他一点点钻研、一步步试验,从刀头的精准摆放、片体需求的科学考量,到功率的精准设定、气压的适宜调试,每一个环节都反复琢磨、精准试验，经过无数次的尝试后，他终于摸索出一套独具匠心的切割方法。操作台上，他整套切割流程一气呵成，仅耗时1分20秒，1片表面无丝毫波浪纹、无挂渣、无切伤的完美刻环片便惊艳呈现。

可别小看这短短1分多钟，其间饱含着对压力、速度、精度的多重严苛考验。压力稍有偏差，片体便可能变形；速度把控不当，切割就容易不到位；精度若有闪失，整个锯片或将报废。任何一个细微环节出现意外，都可能导致片体制作失败，甚至造成切割刀头损坏，影响装备性能。

掌握高难度切割技术后，吴共志并未止步，还进一步优化切割程序，使切割过程中一段程序运行完毕后滑行移动，加工完1片后机床悬臂自动移开停顿1秒等待。如此一来节省了切割抬头的时间，又免去了每片加工完后需要手动启动的烦琐步骤，大幅提高生产效率，原本半个月的工期，硬是压缩至10天完成。

凭借出色表现、强烈责任心和卓越技能，2015年，吴共志成功竞聘为激光切割班班组长，他肩上的责任越发沉重，产品管理需要更加精细严谨，这也促使他继续奋进，带领团队一路向前。

追求极致的匠心

"我认为成为一名切割匠人，要始终怀揣一颗匠心，持续学习生产工艺和切割知识，精益求精，力求将工作做到极致。"他是这样说的，也是这样做的。

2008年9月，刚满20岁的吴共志毕业后踏入公司，开启了激光切割的学徒生涯。融合光学、机械、计算机控制等多学科前沿成果的激

因平凡而伟大
——冶金地质优秀技术工人奋进实录

光切割技术，在年轻的吴共志眼中，这些既神秘又充满挑战。他内心暗暗决定，要像老一辈切割匠人那般，为在切割领域闯出一片天地，全力以赴练就精准切割过硬本领。白天，他坚持在温度高达40多摄氏度的车间里利用切割剩下的边角料反复练习，汗流浃背，一待就是十多个小时，认真记录不同产品设置的速度、功率、焦距、气压等各项参数变化；晚上，他挑灯夜战，如饥似渴地研读生产工艺和设备方面的书籍，经常钻研至凌晨一两点，日复一日整整坚持了1个月。功夫不负有心人，他终于熟练掌握了车间所有激光切割机的操作流程及5种不同系统的运用技巧。师傅外出培训期间，他勇挑重担，独立操作设备，很快成长为技术骨干，经他加工的锯片品质过硬，均是免检产品。

吴共志始终严于律己，无论寒冬酷暑，每天清晨，他总是第一个抵达车间，仔细检查设备、查看备料、排除隐患，确保生产线稳定良好运行。8点一到，所有人员到位，车间瞬间机器轰鸣声、校准敲打声交织在一起，一片繁忙景象。这是吴共志最兴奋、最愉悦的时刻。随着切割工序稳步推进，一块块原料逐渐蜕变成带有花纹的形状各异的片体。加工全程，从焦点的精准定位、径跳的精细控制、光路的巧妙调整，到线条流畅、平滑完美锯片的最终呈现，每一个细节都深深吸引着吴共志，这份源自心底的热爱让他全身心沉浸于锯片事业，一张张近于完美的锯片在他手中诞生。凭借丰富的操作经验和精湛的切割技术，吴共志多次荣获湖北省"优秀学习型职工"、总局"优秀共青团员"、宜昌"高新工匠"、公司"技术革新能手"等称号。

打造优秀团队

吴共志深知"单丝不成线,独木不成林"的道理。他明白,充分挖掘班组人员潜能,做到人尽其才,才是管理班组推动发展的核心。他在班组内部进行大胆革新,打破传统班组建制模式,推进因人施策的管理策略。将管理工作深度融入团队培育,从车间任务的合理分配、产品需求的精准沟通,到软件编程、参数设置,再到设备清洁保养、故障维修,全方位培养团队自主运作能力。在他的引领下,班组常态化开展操作技能、生产安全集中培训,持续完善规章制度。在遇到紧急生产任务时,他总是冲锋在前、吃苦在先,用行动为团队注入信心和力量。同时他格外注重业务练兵和新老员工"传帮带",让长期实践积累的宝贵经验、先进做法在班组内传承发扬,精益求精的工作作风和攻坚克难的实干精神,已然成为班组全体成员的共同追求。

不仅如此,吴共志还带领团队勇攀技术高峰,攻克了诸多技术难题,为生产任务扫清障碍。他千方百计优化生产流程,提升效率,针对不同产品规格、齿数、槽型,分类建立加工图纸台账,避免重复绘制;根据每台设备性能,灵活调节不同厚度板材的切割参数,节省作业时间;引入空气切割工艺,简化更换芯轴程序,缩短生产周期。面对原材料易变形、切割头易受损、产品精度难达标等棘手问题,他彻夜查阅资料、虚心请教数控专家、反复试验调试,成功改写系统程序,显著改善平面度、提升产品精度;针对成品低齿片切伤频发问题,他创新改进技术,完美融合切割参数与切割焦点,攻克"老大难",该加工方法在全公司推广应用。

因平凡而伟大
——冶金地质优秀技术工人奋进实录

近年来，激光切割班先后荣获总局"青年文明号""安全文明生产先进集体"称号，宜昌市总工会授予的"学习型先进班组"、湖北省总工会授予的"工人先锋号"等称号。

鲜花和掌声并未让吴共志骄傲自满，他带领团队继续在锯业发展的征途上砥砺前行，攻破了一道又一道难关。他已数不清有多少个周末、节假日在车间加班加点，记不清有多少次因工作需要昼夜待命、随叫随到，想不起有多少次在车间钻研到深夜，但公司每个产品的技术状态和配置情况，却深深刻在他的心间。

岗位虽平凡，匠心自峥嵘。吴共志以自身成长轨迹，生动地演绎了"执着专注、精益求精、一丝不苟、追求卓越"的工匠精神，于平凡的岗位书写非凡华章。

这枝蜡"梅"不简单

——记黑旋风锯业股份有限公司陈锦梅

"已是悬崖百丈冰,犹有花枝俏。俏也不争春,只把春来报。"这是对蜡梅坚韧不拔、顽强生长,不计个人得失、默默奉献精神品质的由衷赞叹。在黑旋风锯业股份有限公司就有这样一位如蜡梅般的人物——陈锦梅。她是工序产出状元,工作18年来从未出现任何质量事故,客户零投诉;每次校平技能比武中,她都能以超高效率和百分之百的合格率夺得第一名。她凭借高度敬业精神、精湛技术和突出业绩,多次被评为公司"三八红旗手",先后被授予"年度先进个人""优秀班组长"等荣誉称号。

职场别样启航

陈锦梅的职场之路与众不同,她因照顾家庭,直到2006年,近30岁时才进入黑旋风锯业股份有限公司开启职场生涯。由于长时间没有应用之前学的经济管理学专业知识已难以跟上时代发展步伐,她选择从头开始,进入黑旋风复合片产品加工车间成为一名普通工人。2009年她主动申请调动岗位,进入激光片工段精校班组工作。这一工种技术要求高、劳动强度大，令许多女性望而却步。

校平员工所用的校平锤重达6磅，相当于5.5斤，需能在手中挥舞自如，轻重把握恰到好处，这是力量和技艺的完美结合。自公司建厂以来，精校工序一直是男员工的领地，冷不丁加入一名女同志，精校班的男员工们惊讶不已且颇感不屑，多数员工都劝她不要尝试，认为她迟早会放弃。然而陈锦梅从拿起校平锤的那一刻起，就从未想过放弃。刚开始的一段时间，一天工作下来，她拿校平锤的手总是不停地颤抖，右手累了，就换左手，经过2个月的坚持，双手终于适应了工作强度，不再颤抖，男员工们对她的态度也从起初的不屑转变为鼓励。

适应工作强度后，陈锦梅开始苦练校平技能，学习如何判断高点和低点、不同变形量该用多大力量敲击及敲击次数等，遇到难题时，她总是虚心向他人请教。渐渐地，她的校平技能日益精湛，产量不断攀升，对不同平面度问题的判断越发精准，应对平面度特殊问题的技能也更加娴熟，男员工们对她也从鼓励转为敬佩。经过几年努力，陈锦梅的校平技能在众多校平员工中脱颖而出，产量从最后一名跃升至第一名，合格率从最初的80%提升至99.9%以上，且在每次校平技能比武中，均以超高效率、百分之百的合格率夺冠。

陈锦梅用实际行动证明了"妇女能顶半边天"，在她的榜样带动下，越来越多的女员工加入校平队伍，为黑旋风小片校平台增添了一道亮丽风景。

全厂唯一女班长

2016年，依据公司"新四化"发展理念，小片车间成立了激光片专线，以满足重要客户短平快的交付需求，提供高质量、高水平、高满意度的服务。陈锦梅受命组建团队，并担任激光片专线班班长，这是她首次走上管理岗位，也是全厂唯一的女班长。

在这个充满竞争、讲究比学赶超的厂里，工人们之间暗自较劲。对于这位新来的女班长，不少员工心有质疑："才来厂里工作几年，水平能有多高？凭什么指挥我们。"而激光片专线作为刚刚成立的第一个专区制造点，承担着公司重要客户全年80%以上的订单，重要性不言而喻。陈锦梅深感责任重大，压力如山，常常夜不能寐，但她并未退缩，而是凭借自身实力"征服"了甲方和班组全体员工。

陈锦梅严格自律，要求别人做到的，自己必须先做到。她常说："在黑旋风当班长，就是要做的比别人多。"她始终身体力行。这些年，她每天都是第一个到车间，最后一个离开，会仔细查看中班、夜班的三检记录，了解设备现场情况，落实交班事宜。为使班组常态化开展复杂类精校，她不懂就向同事、老师傅请教，每次开工前，都会熟读每份技术资料，熟悉每个操作步骤，认真揣摩分析，确保每次精校都万无一失。她还随身携带一把精确的钢尺，随时进行检测修正，并将大部分业余时间用于研究平面度判断、变形量用力、张力控制等工艺，使其在反复练习中更加纯熟。

在她的带领下，专线10名员工团结一心，朝着共同目标奋勇前进，专线团队人均产值达100万元以上，其中6人具备多岗位操作技能。部分重要客户的平均交货期缩短至9天，加急订单可实现当日下单当日入库，多规格、多品种、短工期的优势在专线发挥得淋漓尽致。专线班组自成立以来已连续4年获得"先进集体""安全集体"等多项荣誉。

多难的任务都能完成

2017年,公司开展授权检验试点工作,将校平的检验指标授权给专线精校班,端跳、平面度、张力等每一项指标都需专线班严格把关,绝不让一片不合格品流入市场。这对新成立不久的专线班而言,无疑又是一项严峻挑战。

面对变革,陈锦梅说:"这是组织对精校班的信任,更是一份沉甸甸的责任,我们必须全力以赴完成任务。"说起来容易做起来难,只能摸索前进。起初大家都缺乏信心,也未找到有效的作业方法,为达成目标任务,必须实行全面检验制度,但工作量过大,根本无法完成日益增多的订单任务,专线班一时陷入两难境地。

为改变困境,陈锦梅驻守车间,仔细观察,检验工序时刻萦绕在她脑海。一次休息时,她拿起精校技术资料和检验技术资料,反复研究,一个大胆的想法油然而生:精校作为生产加工的最后一道工序,为何不能和检验融合?她立刻抓起资料奔向车间,带领班组成员进行试验,创立了自我检验制度,实现了生产检验一体化推进,在保证质量的同时,既减轻了检验负担,又提高了生产效率。

同年,班组接到某国外客户的产品订单,该订单不仅要求极高,校平难度大,而且需要在3天内完成几千片锯片的精校。接到订单后,陈锦梅和班组成员迅速行动,立即组织班组熟练工全力攻坚,加班加点奋战,但效果不佳。面对艰巨任务,陈锦梅没有丝毫抱怨,而是虚心向老师傅请教,最终掌握了产品的加工技巧和方式,成功啃下了这块"硬骨头",带领班组顺利完成任务,赢得甲方高度赞誉。

6年客户零投诉，是市场对专线班的有力验证，也是专线授权检验成功的最佳证明。专线凭借短工期、高品质赢得客户源源不断的订单，公司最大的客户在黑旋风产品价位高于其他竞争对手的情况下，仍将95%的订单交给陈锦梅带领的专线班生产加工。

如今，提起陈锦梅，工友们就会自然而然地将她与"苦"和"累"联系在一起。因为哪里有困难，哪里就有她的身影；哪里有加班，哪里就有她的身影；哪里有不可能完成的任务，哪里就一定会出现她的身影……她如蜡梅般"严寒斗雪开"，生动诠释了"爱岗敬业、争创一流、艰苦奋斗、勇于创新、淡泊名利、甘于奉献"的劳模精神，展现着新时代冶金地质人的奋斗风采。

技术"领头羊" 团队"贴心人"

——记正元国际矿业有限公司阿勒泰公司阿那克·苏莱曼

在正元国际巴依金矿，有一位"传奇"人物——阿那克·苏莱曼。这位哈萨克族的硬汉，岁月虽已悄然在他的面庞镌刻下痕迹，然而他的双眸依旧闪烁着光芒，蕴藏着无穷的智慧与磅礴的力量。

在矿山机电维修领域里，阿那克堪称当地响当当的翘楚。凭借着一双巧手和一颗敏锐的心，他勇立技术革新潮头，担当"领头羊"重任，更是民族团结的坚实桥梁，连通着不同民族同胞的心。在矿山机电维修的复杂领域里，他仿佛一位无所不能的维修大师。不管是错综复杂的机械故障，还是棘手的电路难题，只要到了他的手中，便能迅速化解、攻克，迎刃而解。

更让人敬佩的是，阿那克并未满足于个人的成就。他深知，一个人的力量是有限的，只有团结一心，才能创造出更大的辉煌。于是，他主动肩负起促进民族团结的使命、化身团队精神的缔造者，用实实在在的行动，传递着和谐友爱的力量。

技术精湛的"领头羊"

在过去的20年里,阿勒泰正元国际巴依金矿机电维修班在阿那克的带领下,从一颗破土而出的幼苗成长为机电维修领域的参天大树,成为一支综合能力出类拔萃的优秀技术团队。他们潜心钻研设备原理,精心策划、高效执行,圆满完成了420、430及420圆锥破碎机的安装与调试任务。这一重大成就,为矿山生产筑牢了根基,展现出阿那克及其团队卓越的技术实力。

2012年8月16日,选矿车间2754球磨机的中心圆盘突然掉落,磨机内的钢球大量涌出。紧急停机后,经过仔细检查,发现原厂配套的中心圆盘存在设计上的不足。车间立即召开紧急会议,身为维修班班长的阿那克大胆提议,由自己加工制造球磨机中心原盘替换原厂配件。当时正值生产旺季,维修时间紧迫,方案一定,阿那克就飞奔至磨机内,精准测量尺寸、勾勒草图。由于磨机内含有大量钢球,圆盘无法直接安装,他沉着冷静继续进行技术改造。历经21个小时的连续紧张作业、艰苦鏖战,改造好的圆盘终于成功安装就位。

经阿那克改造的圆盘,使用寿命延长了5个月,每月检修流程也更便捷,仅需在磨损的圆盘外围补焊钢板即可,选矿车间自此彻底告别此类故障导致的停工困扰。车间里各类设备改造项目数不胜数,阿那克始终是冲在前线的主力军,这与他扎实深厚的技术功底和勤奋好学的进取态度是分不开的。

因平凡而伟大
——冶金地质优秀技术工人奋进实录

企业文化的"宣传者"

"心中有大爱、眼中有民族"。阿那克不仅尊重每个民族独特的文化习俗，更以独特的魅力和智慧，用一颗炽热的心，点燃了团队成员间交流融合的熊熊烈火。每逢诺鲁孜节或肉孜节等重要的民族节日，阿那克都会精心策划和组织一系列丰富多彩的活动。他身穿民族服装载歌载舞，热情地教大家跳民族舞，分享特色美食，鼓励团队成员抛开拘束，积极参与活动，让真挚的友谊之花在其乐融融的氛围中绽放。

阿那克以实际行动表达着对企业文化的认同，积极带领团队践行企业文化。他深知，"一人的力量虽强，但终究有限；而众志成城，方能势如破竹"。一个卓越的团队需要成员间的默契协作与团结一心，需要挖掘团队的内在潜能。业务上，他带领团队成员深入研究设备故障的根源，细致分析故障发生的时间节点、关键环节，进而制定出切实可行、行之有效的设备养护方案。他耐心地向成员传授设备维护知识与技巧，潜移默化地提升了整个团队的设备维护水准。生活中，他时刻关心关注团队成员的成长，不遗余力为成员排忧解难，提供帮助。阿那克的妻子同样奋战在矿山一线，闲暇之余，夫妻二人经常热情邀请从内地远赴矿山工作的同事们，来到他们简朴温馨的家中，品尝地道可口的哈萨克族的家常美食，让这些远离家乡的年轻人真切感受到民族大家庭的融融暖意。阿那克常说："这些娃娃大老远来新疆工作不容易，我是一班之长，这都是应该做的嘛！"

阿那克的管理方式，仿佛春风化雨，润物无声，有效化解团队内部的矛盾和隔阂，让团队成员感受到这个多民族大家庭的温暖，找到归属感。这份民族团结的强大精神力量，进一步激发了他们的潜能与斗志，团队变得更加团结、更加有力。

在阿那克的悉心指导下，团队面对困难越发坚韧顽强，在设备维护工作上取得了显著成绩，设备的运转效率实现质的飞跃，为矿山稳定生产保驾护航，成为一支攻坚克难的"铁军"。

爱岗敬业的"排头兵"

一谈起阿那克，大家就会想到两个词：勤奋、肯干。阿那克常说："只有干起活来，我才会感觉到乐趣。"正因为如此，他始终微笑着面对各种压力和重担，从未有过丝毫抱怨。哪怕任务艰巨、环境恶劣、脏乱不堪，他都毫不退缩，争着上、抢着上，冲锋在前。

每逢选矿设备出现故障、管路出现问题，阿那克总是第一个挺身而出。无论是在下班途中、家中用餐时刻，还是夜深人静的休息时分，只要一声召唤，他就第一时间出现在现场，这种随叫随到的敬业精神，早已成为他的一种习惯、一种责任。春节过后的选矿厂，是维修班最为忙碌的时段。为确保休眠一冬的设备能够顺利启用，班组需对所有设备进行仔细检修和保养。阿那克作为机电维修班的班长，经常连续奋战数日，每天只能休息三四个小时。月度、季度设备检修期间，他更是彻夜不眠争分夺秒地抢修，因为他深知，在哈巴河这一特殊气候环境下，生产周期仅有10个月，设备每多停运一天，选矿厂便少生产一天，矿山也会多损失一天的效益。在他的带领下，机电维修班始终保持高昂的斗志和旺盛的精力，为选矿厂的平稳有序保驾护航。

因平凡而伟大
——冶金地质优秀技术工人奋进实录

  有一年冬天，选矿厂2754球磨机入料口漏浆严重，生产陷入僵局。身为维修班班长的阿那克，没有丝毫犹豫独自一人钻进球磨机展开抢修作业。熟悉选矿工艺的人都清楚，球磨机内充斥着大量腐蚀性药物，稍有不慎，便会对人体造成伤害。但阿那克毫不畏惧，满心只想着让设备尽快恢复运转。腰酸了，手麻了，他便稍作停顿，放松片刻，随即又投入战斗，汗水浸透衣衫，豆大的汗珠顺着他的脸颊滑落。历经数小时的奋力抢修，终于恢复了生产。

  在新型破碎机替代旧型破碎机的安装工程中，为节约工程时间，阿那克带领机电维修班连轴转，仅用了27个小时就完成了设备拆卸和安装全部工作，比原计划整整提前5个小时，任务艰巨、时间紧迫、质量过硬，创造了建矿以来的历史记录。连厂家的技术专家都竖起大拇指由衷赞叹，表示从未见识过如此高效率的队伍。

  阿那克的事迹在矿山广为传颂。他常说："只要心中有梦想，脚

下就有力量，就一定能够超越自我，引领团队走向更加美好的未来。"他是矿山当之无愧的"领头羊"，是团队之心和暖心的"贴心人"，更是全体人员学习的楷模和榜样！

躬耕一线　践行初心

——记中国冶金地质总局地球物理勘查院天泰电力科技（河北）有限公司林少波

1982年，林少波踏入中国冶金地质总局地球物理勘查院天泰电力科技（河北）有限公司，40多年来，他始终扎根项目一线，凭借专业素养和专注精神演绎着技术工人的质朴情怀，以满腔热爱和执着坚守诠释着技术专家的职业风范，用真诚爱心和无私真情温暖着身边每一位同事。从青涩懵懂的青年逐步成长为独当一面的专业能手，他用无悔岁月书写奋斗的华章。

时光荏苒，犹如白驹过隙，在无声无息中悄然流逝。闲暇时分，林少波总会回想起2022年那段充满挑战与收获的岁月。那是一个对他来说意义非凡的年份。这一年，承载着太多的波澜与成长，仿佛经历了一场人生的洗礼。

临危受命　踏上征程

2022年，新冠疫情的阴霾笼罩大地，在这艰难时刻，林少波肩负重任，踏上了奔赴内蒙古鄂尔多斯达拉特旗的征程，负责亿利冀东水泥无功补偿改造项目。若在平日，此类项目只是他的一项常规任务，按部就班地拆除旧设备、安装新设备、进行安全调试即可。然而，在这个特殊背景下，这个项目被赋予了别样的意义，那些焦灼难眠的日夜、曲折坎坷的经历，深深地刻进了他记忆的长河。

9月中旬，林少波抵达达拉特旗。那天晴空万里、暖阳倾洒，金黄的光芒铺满大地。然而，这片美丽的土地却让他心生一丝紧张。他知道，接下来迎接他和项目组的是一系列烦琐且不容有失的流程：职业健康体检、核酸检测、安全资质审核，还有厂级、部门、班组三级安全环保教育培训考试。每一个环节都严格而细致，仿佛在提醒他，这是一个不同寻常的项目，需要他们付出更多的努力和汗水。面对时间紧、任务重的局面，项目组争分夺秒，迅速投入卸车和防护工作。然而，困难接踵而至，安装设备场地的大门尺寸小于设备尺寸，这给项目推进设置了巨大障碍。他们只能拆解设备，搬入室内后再重新组装，这无疑增加了工作量和难度。林少波带领技术团队深入钻研拆解方案，对每一个细节反复斟酌、精雕细琢，力求万无一失。同时，他们还要识别潜在风险，如吊车倾翻、钢丝绳断裂、吊钩闭锁装置失效等，并制定周密的防护措施。

但这并不是最大的挑战。项目实施的过程中，新冠疫情带来的不确定性如影随形。国庆节前夕，达拉特旗连续两日全员核酸检测，出于疫情防控和安全考量，甲方决定国庆期间禁止进厂施工。这让团队陷入两难困境，团队成员去留成棘手问题。经过反复权衡、充分沟通，最终决定留下4个人坚守岗位，其余4个人则返回单位。这艰难抉择背后是对项目顺利推进和团队安全的双重守护。

排忧解难　共克时艰

留下的4个人在这段"特殊时期"承受着巨大的心理压力。他们不仅要面对工作上的挑战，更要应对环境变化带来的心理波动。作为负责人的林少波深知心理疏导至关重要。他时常与队员谈心，鼓励大家保持乐观积极的心态，携手共克时艰。与此同时，他还事无巨细关注作业现场卫生清理，保证安全出口时刻畅通，确保在紧急情况下能够迅速撤离。

那段时间，他们依然每天都忙碌至深夜，身心俱疲。但每当看到项目进度一点点向前推进，心中的喜悦和成就感便油然而生。林少波和团队成员共同面对挑战，凝聚起了"众人划桨开大船"的干劲和"一把筷子折不断"的精神。这种团队凝聚力不仅激励着每位成员在项目中成长蜕变，更成为他们未来工作中的宝贵财富。历经多日艰苦奋战和不懈努力，任务最终按时圆满完成。

热衷钻研　勇于创新

回首这段经历，林少波既庆幸又自豪：庆幸能在特殊时期挺身而出，面对诸多不确定性，勇敢迎接挑战，为项目的成功添砖加瓦；自豪于团队成员众志成城、拼搏奋进，战胜疫情封控下的焦虑，圆满完成工作任务。

而这，也仅是林少波40多年工作经历中的一个片段。回溯过往，创新与钻研这两个词始终贯穿其职业生涯。多年来，他养成了做笔记的好习惯。工作中的灵感火花，或是听到的独特见解，他都会及时记录、时常翻阅、反复推敲。在平凡的岗位上，他秉持平常心，简单的事认真做，复杂的事细心做。面对日常工作的每个细节，他全力以赴，不断探索新技术，破解实际问题，带领团队向着更高峰攀登。正是这份脚踏实地、深耕不辍的努力，让他在科技创新道路上不断取得突破，参与研发的《J89-1微机金膜测汞仪》和《高压无功补偿综合控制装置》，分别荣获"詹天佑纪念工程师科技成果二等奖"和"河北省保定市科学技术进步奖三等奖"。

"林工人好，脾气也好，有啥不懂的，他都愿意细细给你讲，不厌其烦地解释给你听。"在年轻同事眼中，林少波和蔼可亲、古道热肠，他甘当企业的"技术顾问"，面对大家的求教，来者不拒、有问必答、倾囊相授。他常说："团队的力量来自每一个成员的付出和贡

献。彼此之间的支持和鼓励，是战胜困难、取得成功的关键。"

历经岁月的洗礼，曾经的少年，如今青丝渐染霜华、沧桑悄然爬上脸庞。但那份对工作的炽热执着与深沉热爱，却让林少波儒雅中透着坚毅、沉稳中彰显活力，于勇挑重担、科技创新的征途上越走越远。他的故事，不仅是个人逐梦奋进的传奇，更是万千技术工作者梦想与现实交织的缩影。他以匠人的精神筑梦，用无私奉献引领，深刻诠释了责任与担当的时代内涵。展望未来，林少波深知前路漫漫、任重道远，他说："培养更多的高技能、创新型人才是我义不容辞的责任。愿我能发挥余热，为单位发展尽一份力量。"

闪亮宝石背后的执着匠心

——记中晶钻石有限公司易青春

他每天穿着厚重的防护服，戴着严实的防毒面具，穿梭在提纯车间；他为人热忱、性格开朗，正如名字一样，时刻散发着如青春朝阳般炽热且耀眼的激情——他叫易青春，1979年出生。入职还不到5年的他，已多次荣获公司"先进个人""优秀员工"称号，这皆源于他对工艺技术的高度热爱与执着匠心。当汗水模糊了双眼，他却依然能透过那朦胧望见指引前路的希望曙光。

初次的邂逅

中晶钻石有限公司搬至湖北宜昌后，公司面临一系列紧迫任务，组建车间、扩充人员队伍迫在眉睫，尤其急需一线技术工人。易青春就是在这个时候，2020年7月应聘入职的，这是他与培育钻石加工工艺的初次邂逅。初入公司，他被分配到材料车间，从事混料工作。首次接触培育钻石制作工艺，面对重重困难，他积极主动、刻苦钻研，认真记录老师傅们传授的知识和经验，研读各类专业书籍。凭借锲而不舍的劲头，短短60天的时间，已经熟练掌握了选料、烘料、混料、闷料、筛料、分选料等各个环节的关键要领，处理各项工作都游刃有余。

在这一系列工序中，闷料阶段对原材料干湿度的把控最难掌握，难度极大，闷料的干湿度把握得精准与否，直接与后续工序的推进速度紧密相连，甚至掌控着培育钻石最终的品质优劣。原材料偏干，极易结块；偏湿，压到模时就会变得不整齐，造成表面坑坑洼洼——这些都会给组装块的质量带来负面影响。这就对混料员提出了更高要求，需要他们根据季节、温度、湿度等的变化灵活精准作出科学调整。"这时候，往往只能依靠技术人员的经验和手感，"易青春说，"手摸上去用心感受，抓一把攥在手里，慢慢倾倒，太干，会流成线，太湿，则不顺畅，合适的原料，要均匀流出，不快不慢，匀速顺畅。"

易青春热衷于在实践中不断摸索，擅长将理论知识与实际操作紧密结合，进而获得更多知识，他对新知识、新技术的渴望，时刻在脑海里奔涌不息，成为助力技能飞速成长的"强劲引擎"。

"0"的突破

2021年3月，公司迎来了一个重大的发展契机——开启生产培育钻石项目，并着手组建提纯车间。在这个关键时刻，易青春在肩负原本混料工作的同时，勇挑提纯工作大梁。培育钻石是在六面顶压机内，历经高温高压的考验，模拟天然钻石生长环境而生成合成钻石。提纯是培育钻石生产线中极其重要的一道工序，也是最后一道工序，就是在钻石合成后，剔除合成中未反应完全的残留石墨及混杂其中的触媒金属、叶蜡石等杂质，从而获得纯净的培育钻石。

提纯工艺是公司从未涉足过的工序，属于技术空白，既没有经验丰富的师傅指引方向，又没有可供参考的一手资料。易青春想方设法自主钻研，上网广泛查阅资料，四处奔波虚心向业内前辈请教学习，全方位观摩、借鉴、总结各类产品提纯方法，很快积累形成了翔实厚重的提纯酸洗数据分析库。他又马不停蹄地结合公司车间的实际情况及产品特点，深入消化吸收和试验分析，总结提炼出一套"提纯酸洗5步法"，将提纯酸洗的步骤细分得清清楚楚，详细罗列了每个步骤所需的工具、材料、用量，甚至连操作流程的每一个细微动作、达标程度的精准标准、预期效果的清晰模样及需要注意的事项都一一呈现。在他的不懈努力下，公司提纯工艺实现了从无到有的历史性跨越，完成了从0到1的关键突破，为公司发展立下了汗马功劳。

当时提纯车间刚刚组建，一切都还在摸索当中。整个公司只有易青春一名提纯工，工作条件较为简陋，各类设施设备还不完善。但易青春没有半句怨言，在艰苦的条件下，开启了"白加黑""5+2"的高强度工作模式。连续2个多月没有休息，每天连轴转，只为保质保量完成两个岗位的艰巨任务。在这段日子里，与他每天相伴的就是酸洗池，池中所盛放的不是普通的酸液，而是具有极强腐蚀性的强酸，稍有不慎就可能造成严重后果。因此每天进入车间前，他都必须全副武装，防护服、防毒面罩、耐酸碱手套、防酸碱鞋一应俱全，将自己层层包裹起来。时刻严格遵守操作规程，以十二分的精神小心翼翼地完成每一个步骤。夏季，温度高、湿度大，酸雾在车间里弥漫蒸腾，闷热和低气压更令酸雾难以消散，刺鼻的气味经久不散。酷热与刺鼻的酸雾交织在一起，是对人的身体承受力和意志力的双重考验。面对这一切，易青春只是笑笑说："习惯就好了。"简单的几个字，却蕴含着他对这份工作的热爱和坚守。

2022年8月，由于旧疾复发，易青春接受开刀手术，出院后本该在家安心休养，然而出院仅3天，他就不顾医生叮嘱和家人反对毅然返回工作岗位。他说："提纯是生产线最后一个工序，岗位上只有我一个人，不能因为我一个人耽误了生产。"正值盛夏，因活动量大、天气炎热等多种因素叠加，他的手术缝合口发炎化脓，为了不影响生产进度，他硬是咬牙坚持，未曾请过一天病假。单位领导得知此事后，专程前来慰问。2023年10月起，公司大力推进技术改革，开展增产能扩腔体结构改造工程。为了及时获取产品的分析数据，易青春再次挺身而出，放弃了许多休息时间，争分夺秒地投身工作中，只为提升提纯效率。

对工艺"贪婪"的心

易青春对工艺技术怀揣着"贪婪"的心。他说："工艺技术是个手艺活，必须用心做，做到极致、做到最好。"

2023年2月，随着公司转型发展加快，培育钻石生产的设备日益增多，工作量也随之骤增，提纯进度出现了滞后问题。为了加快推进速度，易青春一遍遍反复翻阅数据资料，一次次大胆探索尝试，创新性地验证了用水替代盐酸与硝酸1∶1配比进行酸洗的可行性。改进后，酸洗提纯效率大幅跃升，同时节约了大量成本。以当时的工作量计算，每天提纯36块合成块，可节约盐酸5000毫升，减少使用加热电炉2台，每月可节约工时5天，切实达到了守正创新、降本增效的显著成效，为公司发展注入了强大动力。

易青春，这位一年到头兢兢业业、默默耕耘的普通员工，这位始终在前行道路上披荆斩棘的冶金地质人，这位以酸池为伴、以提纯酸洗为事业的先进模范，凭借着执着坚守、积极奋进的精神风貌，一丝不苟、精益求精的工作态度，向我们生动展示出劳动之美、榜样之力、工匠之心，激励着身边每一个人向着梦想奋勇前行！

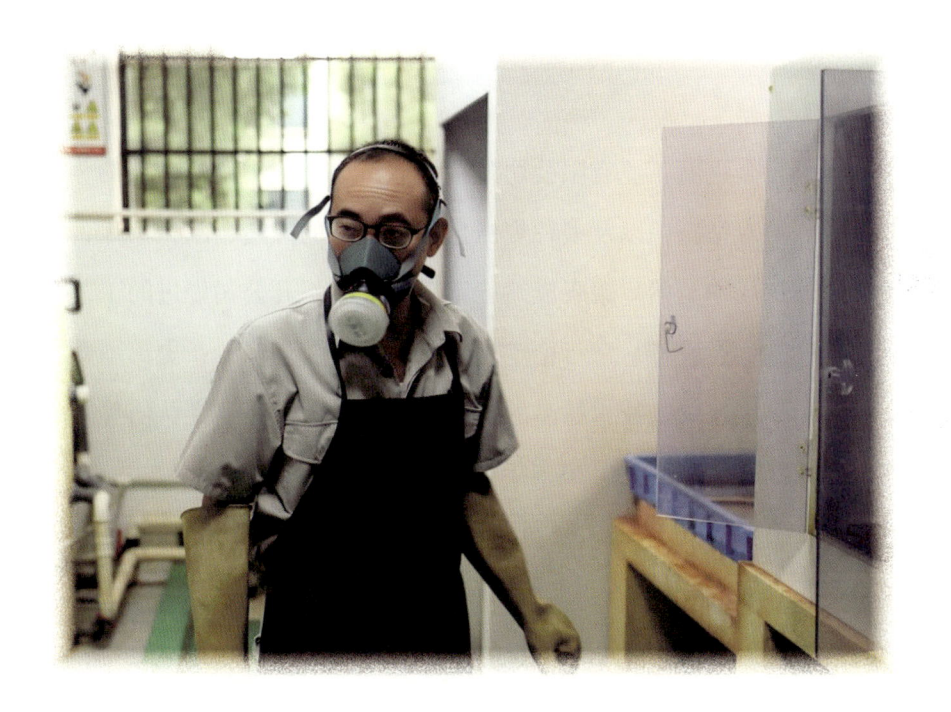

生产线背后的电工"超人"

——记晶日金刚石工业有限公司贾学武

在晶日金钢石工业有限公司几十年的奋进征程中，其生产的金刚石单晶、培育钻石，以及多种规格且品质优良的人造金刚石锯片，畅销海内外，成绩斐然。耀眼成绩的背后，既离不开公司先进的工艺技术、精良的生产设备、常年稳定高效运转的优质生产线，更离不开生产线背后作风过硬、技术精湛的队伍。贾学武，就是这支队伍里的一名电工，默默守护生产线20多年。

2000年，贾学武加入公司，自此开启了他24年的坚守之旅。多年来，凭借着勤奋好学、刻苦钻研、持续创新的精神，他从一名初出茅庐的电路学徒逐步成长为颇有建树的电气专家，被大家亲切地称作电工"超人"，还荣获"河北省技术能手"和公司"首席电工"等称号。

从普通学徒到电气工程师

贾学武1997年毕业于山东冶金技术学院电子电工专业。2000年，他入职晶日公司，投身一线电工维修岗位。科班出身的他起初信心满满，可上岗没几日，便陷入了迷茫：设备维护的实际状况与课堂所学相去甚远。诸多设备及其工作原理，都是他未曾接触过的全新领域，一切只能从零开始，勤奋研习。于是，他仔细钻研各类设备操作规程，研读专业书籍，将所学所思、疑惑难题认真记录整理，抓住师傅每一次现场讲授的机会，不懂就问、有活就抢，全力争取每一次"实战"机会，未到学徒期满，他已经能够独立操作、独当一面。

他并未就此停止前进的脚步，始终坚持在学中干、干中学，将新知识巧妙融入实际工作。天道酬勤，2006年，贾学武在公司首届维修电工技术比武中脱颖而出，一举夺得专业理论和实践考试的双料冠军，被授予"首席电工"称号。

成功的喜悦化作他前进中不竭的动力，此后，贾学武痴迷于电气技术，凭借持续学习，技能日臻精湛，实现了从学徒到电工、中级电工、高级电工直至电气工程师的华丽转身，成为公司电气技术领域的中流砥柱，在岗位创新创效方面屡获佳绩，将多项先进技术创新成果奖收入囊中。

年华在一线车间里闪光

2008年8月，公司扩建后搬入新厂，压机设备也随之迁移。然而搬入新厂后，60台Φ500缸径压机却频繁出现无规律跳闸现象，废品率急剧攀升，原材料大量浪费，给公司造成惨重损失。车间长时间监测后发现，跳闸源于补压所用的接触器线圈断电产生的反向电压，虽采取并联续流电路这一针对性措施，但未能奏效，后续多次技改仍收效甚微。贾学武急在心头，主动请缨挑起技术攻关重担。他重新调整技改方案，从控制原理入手，在夏季车间40摄氏度高温下，一遍又一遍耐心调整电路。手臂酸麻、头晕目眩、呼吸困难，他只是稍作休息喝口水，便又继续奋战。终于，通过改良设备加热的功率调整电路，彻底攻克了压机无序跳闸这一难关。

2015年，公司引进乌克兰宝石合成技术，当时由于种种原因无法将乌方控制设备直接运至国内。宝石合成技术与设备紧密相连、缺一不可，经协商，由乌方提供技术指导，中方在国内自主完成设备制作，这无疑带来了巨大的时间压力和技术挑战。贾学武受命组建团队，肩负元器件筹备、组装和设备调试等重任。根据图纸要求，多数元器件在国内市场难觅踪迹，贾学武便选用性能相近的国产元器件代替；因技术保密，部分元器件乌方仅提供要求，不提供具体规格参数，这给甄选替代件增加了极大难度，贾学武采用"小步快跑"策略，边寻找边与乌方核实性能参数，往往一个元器件需要反复沟通多次才能敲定。历经1个月苦战，贾学武团队圆满完成了繁杂的元器件替代工作。紧接着，乌方专家现场指导安装调试，这一环节技术和经验要求极高。乌方专家认真严谨的工作态度深深感染了贾学武，他以身作则，对自己和团队高标准、严要求，带领大家连续奋战数十天，最终以零误差完成电控设备的安装调试。

创新求变的革新能手

2017年，贾学武挑起宝石级金刚石压机顶锤温度监控仪研制的大梁，要确保合成宝石温度场的均匀、可控，这对宝石培育品质至关重要。

为早日攻克难题，贾学武全身心投入温度监控仪的研制工作，这个温度监控仪非比寻常，需根据宝石级金刚石压机运行原理和宝石生长规律进行科学合理设计，既要精准控制加热系统电流，又要控制散热系统温度，以实现温度场均衡。他四处搜集资料，仔细翻阅研究，一次次深入现场观测压机运作和宝石生长实际情况。凭借一股执着劲，他逐渐摸索出关键：影响温度场失衡的因素繁杂多样，而冷却水流量不均衡是根源所在。为实现水流量的精准控制，贾学武反复演算，精心设置算法，对6个顶锤冷却水流量实现精准把控。就在一切顺利推进之时，一个棘手问题又横亘在贾学武团队面前，6个顶锤温度取样点的位置差影响了温度反馈的精准度，项目一度陷入僵局。但贾学武毫不气馁，越挫越勇，他深信"世界上就怕认真二字"。面对难以捉摸的温度变化，他沉下心来，经过长达1个月的监测，悉心记录温度的每一丝波动，终于摸清了温度变化规律，据此调整方案，创新性地满足了平衡6个顶锤散热的严苛要求。至此，宝石级金刚石压机顶锤温度监控仪研制大功告成。

因平凡而伟大
——冶金地质优秀技术工人奋进实录

24年米,贾学武从未停止前进的脚步,始终专注于技术革新。他对电力系统实施技术改造,增设电抗器,有效削弱谐波对设备的干扰,运行电流也锐减近300安,每年为公司节约电费支出近40万元。在公司自主研发宝石电控设备进程中,贾学武针对六面顶压机多发故障类型,提出有效解决方案;改造六面顶压机电源板,大幅缩短压机停机时间,减少大量材料消耗……诸如此类的技术改造,在贾学武身上数不胜数,为单位创造了可观的经济效益。

在贾学武的血脉中,时刻涌动着一股激情、一股力量。他以坚韧不拔之志直面困难挑战,用孜孜不倦的追求、不懈奋斗的精神,绘就生命的绚丽色彩,书写属于自己的辉煌篇章。

立足岗位求奋进　青春建功促转型
——记正元地理信息集团股份有限公司数字城市公司邰长明

在正元地理信息集团股份有限公司数字城市公司工作的11年间，邰长明始终秉持"有精度更有广度"的工作理念，深耕于工程测量、自动化变形监测、地下管网物探、排水管网检测及修复等多个领域。他不仅管理能力出色，还极为重视学习和实践，业务能力出类拔萃，工作业绩斐然，带领团队出色地完成多项任务。如今，邰长明担任山东正元数字城市建设有限公司检测海勘工程部副经理。

投身转型作表率

"胸怀'国之大者'，就是要看国家需要什么，我们能干什么。"邰长明是这样说的，也是这样做的。国家对城市安全应急管理、水环境治理、城市智慧管网运维等方面提出新要求、新目标，数字城市公司紧跟政策步伐，加速产业转型升级。面对转型，邰长明以党员先锋的姿态，带领团队深入研读国家行业政策，精准分析市场前景，不断拓展知识储备，积极寻求新的业务机会和发展方向。

2019年以来，他在地下排水管网检测与修复领域取得突破，实现了技术从简单到高精尖的跨越，成功开拓并维护了区域市场，为数字城市公司的转型升级和高质量发展贡献了积极力量。邰长明荣获了公司"学习标兵""2021—2022年度优秀共产党员"等称号，其带领的团队还荣获了总局"青年文明号"称号。这些荣誉充分印证了他在工作中的卓越表现，既是对他个人能力的认可，更是对他带领团队取得优异成绩的褒奖。

磨炼技艺当先锋

邰长明牢记共产党员身份，既当好企业发展的"干将"，又当好科技创新的"旗手"，在推动科技创新中充分发挥先锋模范作用。

2019年，在公司转型发展的关键时期，邰长明担任烟台经济技术开发区排水管网提质增效项目的项目经理。作为首个地下排水管网整治项目，是公司战略转型的关键一环。邰长明深知责任重大，面对区域内近百万米地下排水管网存在的资料缺失、运行状况不明、内涝积水事件频发等问题，他毫不焦躁，凭借坚定的决心和过硬的专业技术，扎根生产一线沉着应对。

邰长明按照"轻重缓急"原则，对问题细致分类。首先，果断查明甲方急需解决的内涝积水问题，形成详尽文档资料，并提出针对性建议。其次，针对甲方在地下排水管网管理过程中遇到的"看不明、理不清"现状问题，带领团队深度分析，制定"普查、检测、治理、智慧运维"的技术路线，依照不同汇水区域绘制翔实的地下管网图，帮助甲方的管理实现透明化、可视化。最后，为系统性解决排水管网"经验"管理问题，积极与甲方沟通，建议建立排水管网智慧管理平台，让管网管理工作变得直观化、动态化、智慧化。在邻长明的管理下，该项目取得良好建设成效，赢得甲方高度评价和信赖，既解决了甲方多年的管理难题，又助力公司转型升级。

邻长明学习钻研能力很强。在业务发展初期，他不断学习新技术，并将理论与技术结合加强成果应用，业务能力短期内有了突飞猛进的提升。在掌握基本生产技术后，他又带领团队打磨技艺工法，深入研究更优的施工方法，经团队共同努力，编制多套施工技术文档，规范施工作业流程，打造了施工标杆项目部，形成样板化成果。但他并未满足，还将工作成果进行GIS二次加工，构建智慧化成果应用模式，这一创新，不仅提高了工作质效，也为公司在地下管网领域的发展开辟了新局面。

"勤于学、敏于思、笃于行"，是邻长明不断前行的动力源泉。2022年，邻长明担任公司检测海勘工程部主任工程师后，他敏锐洞察到，解决地下管网病害导致的"马路拉链"问题，将可能拥有广阔市场前景。于是他潜心钻研，深耕非开挖修复领域，巧妙地将理论知识与工程实际结合，精准找到项目落地切入点，成功将非开挖修复原位固化法应用于烟台经济技术开发区提质增效项目、威海经济技术开发区排水管网清淤检测及非开挖修复项目，凭借其施工快捷、环境友好、对交通出行影响小等特点，不仅赢得了甲方的高度赞誉，也为公司带来了显著的经济效益。

在邻长明的带领下，公司在地下管网检测、修复、智能监测等领域实现了从简单到精通的突破。近年来，他主持及参与的转型升级项目屡获殊荣。如烟台开发区雨污水管线检测及清淤项目荣获"中国测绘学会全国优秀测绘工程奖银奖"，主持的烟台开发区东西区雨污水管道整治工程项目荣获"山东省测绘地理信息行业协会2022年度山东省优秀测绘地理信息工程三等奖",参与的山东省潍坊市寿光市住房和城乡建设局寿光市城市排水管网普查项目荣获"中国地理信息产业协会2022年度中国地理信息产业优秀工程银奖"。这些荣誉不仅提升了公司的知名度,还为公司在地下管网领域的业绩实现快速增长奠定了坚实基础。

打造团队下真功

"一花独放不是春,万紫千红春满园。"邻长明深知,作为骨干,不仅要当先锋,更要做好"传帮带",提升工程部"整体战斗力"。工作十几年来,从工程测量到自动化变形监测,从地下管网物探到排水管网工程,邻长明干一行爱一行,行行精通。他毫无保留地将自己实干积累的经验传授给新同事,还带领团队成员参加论坛,全方位提升业务水平,助力"新学徒"快速成长为"老师傅"。在他的"传帮带"下,公司打造出了一支"战斗力强、凝聚力高"的团队。

邻长明带队伍肯下功夫,善用"小妙招"。曾有一位自尊心强、不愿意主动寻求帮助的"老人"转入工程部,为化解尴尬,邻长明主动找这位前辈沟通,一番交流成功打开了他的"问题匣子",一连数晚,他们面对面,梳理各板块"堵点",为团队融合铺平道路。最终,该成员在团队协作中表现出高效执行能力,多次协助甲方解决城市内涝、道路塌陷、流域污染等民生热点问题,受到甲方的感谢表扬,并被当地多家媒体报道。

在公司转型发展的道路上,邻长明团队协助公司承揽了烟台经济技术开发区排水管网提质增效项目一期至五期项目,烟台福山区排水管网提质增效、箱涵清淤、崇文街非开挖修复项目，芝罘区排水设施隐患排查项目，还开拓了临沂、寿光、青岛等多区域的地下排水管网检测、修复市场，总承揽合同额近3亿元。

　　面对成绩，邰长明谈及今后的工作规划，十分谦虚，他说："如果说以前取得了一些成绩的话，这都是各级领导、前辈引领，同事们共同努力的结果，永远感恩在心。未来将继续扎根企业生产前线，主动适应公司发展战略和产业变革需要，勤学苦练、深入钻研，勇于创新、敢为人先，不断提高技术能力水平，充分发挥党员先锋模范作用，为公司扎实推进高质量发展作出积极贡献。"

从工人队伍中走出来的"高"手
——记中国冶金地质总局中南局三川德青科技有限公司高恩

"人一定要重视学习，要善于学习，学无止境，不能沾沾自喜"，这是高恩常挂在嘴边的一句话，他以兢兢业业、一丝不苟的态度，踏踏实实地践行着自己的诺言。

1992年，高恩加入中南地勘局（原中国冶金地质总局中南局）中南冶金机械厂，这一待，便是32年。他凭借着勤奋学习、刻苦钻研、持续创新，完成了从懵懂无知的铣工学徒到设备维护高手的蜕变，多次荣获"优秀共产党员""先进工作者"等称号，成为总局系统第二届"最美冶金地质人"。

青春与钻机作伴

高恩出生于地质世家。1992年，19岁的他从孝感市花园镇中南地勘局技工学校毕业，满怀着对冶金地质的深厚眷恋，走进了三川德青科技有限公司前身——中南地勘局中南冶金机械厂，成为一名普通铣工，自此与钻机结下了一生的缘分。

中南冶金机械厂作为冶金地质骨干企业，长期专注于钻机的研制与生产。高恩从事的钻机齿轮加工，是一个技术门槛高、劳动强度大的工作。

"要么不干，干就干到最好。"高恩对待工作的态度坚持而执着。他深知，要想在岗位建功立业，不仅要有强烈的责任感和事业心，更需具备扎实的业务知识和娴熟的操作技能。理论知识欠缺，他白天在车间挥汗如雨，夜晚在房间啃专业书籍；实践经验不足，他每天天不亮赶到车间，利用平日里收集的边角余料，默默练习铣削技艺。正是凭借着这股不服输、肯吃苦的劲头，高恩迅速练就了一身过硬的业务技能，成为厂里铣工队伍中的佼佼者。

入职短短几个月，高恩就参与了YG-15钻机大模数伞齿轮的加工项目，在支部和老师傅们的悉心指导下，他独立完成了大模数链轮的加工及球面的铣制，成为年轻员工中独立组装螺旋铣削的第一人。

随着装备材料和操作设备的更新迭代，高恩越发深刻认识到技术创新的关键意义，他一路摸爬滚打，攻克了诸多技术难关。2005年，《机械工人》杂志上一则数控刀具应用的报道，吸引了高恩的目光，一个大胆的念头在他脑海中浮现——数控刀具原理为什么不能运用于普通机床刀具？他行动起来，迅速查找专业书籍，深入研究数控刀具的特性和构造，常常废寝忘食钻研到深夜。经过夜以继日的艰苦探索和反复试验，他很快成功研制出一杆多刀头新工艺，每个刀头都具备各自精确的铣削角度，开创了数控刀具原理应用于普通机床铣削的先河，实现了一次镗削完成即可达到分毫不差的精度要求，大幅提升了生产效率，降低了加工成本。此后，在公司采购数控机床前，铣削工艺中的高精尖端孔的镗削任务，几乎都由高恩一人包揽，在此后相当长的一段时间里，他独自扛起了机加车间铣工班组的重任。

有难题找高恩

在公司的员工中流传着这样一句话："设备有难题，就找高恩。"高恩热衷于钻研技术，面对难题从不畏惧退缩。

2012年，公司转型升级涉及工程施工领域，高恩充分发挥自身专长，全力钻研技术，为解决施工设备中的诸多难题立下汗马功劳。其中最为棘手的当数压滤系统使用的气动球阀漏气修复问题，这一故障严重影响机器的正常运行。当时正值春节，南方湿冷的天气考验着高恩的意志，但为确保项目顺利推进，他在安装调试过程中用边操作边跑步的方式御寒，全力保障工期进度。由于吃住都在工地，条件艰苦，他的身体出现了种种不适，高烧反复不退、关节疼痛难忍……然而，面对重重困难，他咬紧牙关、坚持不懈，积极思考，通过上网查询资料、向专家咨询，最终采用手动修复方式现场解决了问题，并改进了消声器的结构，确保气压稳定在正常范围。

面对压滤行走小车不到位的问题，他在不改动程序的前提下，采取一个巧妙的小措施便将其完美化解。这些技术在潜江南门河项目、光谷项目和三川德青机械公司武昌顶管项目中投入使用后，效果显著。针对清淤施工工程设备安装撤场时间紧、任务重的特点，他创新性地提出对设备采取模块式安装的建议，这一方法在光谷项目、汉阳南太子湖项目中均取得了良好成效。

2021年，宜昌市黄柏河流域玄庙观水库深水清淤项目确定为重点项目，时间紧、任务重。项目中不可或缺的压滤机设备频繁出现故障，滤板每隔三四天就会破损，更换后没几天又再次损坏，如此循环往复，导致生产陷入半停产状态，工期延误，设备售后人员多次到现场都束手无策，甲方与设计方心急如焚。此时，若更换设备，不仅成本高昂，时间上也来不及。公司紧急调派高恩前往解决难题，他不分昼夜，一次次爬上压滤机设备仔细观察，持续钻研、反复试验，经过整整3个昼夜的艰苦奋战，终于发现问题根源。高恩依据研究结果立即改进工艺，几番调试下，设备恢复正常运转。

高恩还将自己的研究成果精心总结提炼，形成QC课题"提升高含水污泥除杂及固化脱水效率"，该课题荣获"湖北省市政工程协会二类成果奖"，并在同类项目施工中得到广泛运用。

奉献无悔

高恩不仅练就了一身精湛技艺，其忘我工作的敬业精神更是令人敬佩不已。

2022年7月，正值三伏天酷热难耐，高恩却在野外连续奋战20天，圆满完成清淤船用接力泵从玄庙项目拆卸到天福庙项目组装的全过程工作。国庆节前夕，他日夜奋战，顺利完成山东临沂项目设备调拨设备恢复工作，有力保障了临沂项目按时开工。国庆期间，他又马不停蹄地奔赴鄂州项目，由于安装任务时间紧、任务重，他和项目人员边施工边安装，结合现场实际需求，完成了对600平压滤底架皮带机的改造工作，加快了400平压滤安装进度，节约了压滤安装成本。

2024年春节前夕，大寒节气，湖北多地遭遇低温雨雪天气。为确保恩施建筑垃圾处理项目部设备顺利进场，高恩主动放弃周末休息时间，与同事们齐心协力吊装建筑垃圾处理设备。其间，他克服吊装场地受限、单机重量大（最重单台设备达50千克）、设备配件分散等诸多困难，经过长达10个小时的辛勤工作，将重达120多吨、用3台长17.5米的车辆运输的设备和备品备件吊装完毕，为公司项目节省了成本。

在出色完成本职工作的同时，高恩还毫无保留地将自己掌握的技术和经验传授给同事们，用心做好"传帮带"。他将各类设备操作、维修技术倾囊相授给班组员工，还起草了关键设备的操作规程及维修程序，助力其他员工成长，为各项目生产施工的顺利开展保驾护航。

三十二载，他始终坚守如初兢兢业业，将有限的人生尽情燃烧在无限的事业追求之中。

三十二载，他曾在严寒深冬、酷热大暑中坚守，风餐露宿，栉风沐雨，只为圆满完成公司交付的每项任务。

三十二载，他手不释卷，坚持学习，持续提升自身理论知识水平，只为能更出色地完成工作。

三十二载，从青春少年到沉稳中年，他凭借着对生产制造专业岗位的满腔热爱，攻坚克难、披荆斩棘，为公司发展贡献出自己的力量。他用勤奋铸就阶梯，引领后来者奋勇攀登。

高恩几十年如一日，以实际行动诠释着干一行爱一行，钻一行精一行的工匠精神，以"匠心"守护"初心"，在平凡的岗位上书写不平凡的人生华章。

专心专注　科研报国

——记正元地理信息集团股份有限公司航遥公司常博

2002年，常博凭借优异的成绩考入解放军信息工程大学，如愿以偿地迈进了他心仪已久的测绘工程专业殿堂。"求是、创新、奉献"的校训，仿佛一团火焰，点燃了他内心深处的热忱。他常说："身处和平的时代，能加入这样一个卓越的团队，是让我感到无比自豪的事情。"怀揣着这般信念和初心，他毅然踏上了"用地理信息技术造福民众"的探索征程。

2006年，常博进入正元地理信息集团股份有限公司。自此，他便扎根于测绘地理信息与勘测领域，负责新技术研发、各项目专业技术设计书编写、项目组织实施、技术问题处理等工作。在他的带领、培养下，一支朝气蓬勃、潜力无限的年轻技术团队茁壮成长，为公司的信息技术进化、数字城市构建、勘探技术革新立下了赫赫战功。

用敬业征服困难

2013年，在甘肃省第一次全国地理国情普查项目中，常博充分彰显了其精湛的专业素养和令人敬佩的敬业精神。作为公司首批接触地理国情的外业队员，他面临着前所未有的挑战。此次普查内容繁杂，多达100余项类目，涵盖地表覆盖要素（如森林、树木、植被）和地理要素（如路网、水网、电网），学习难度颇高，尤其是对于外业人员而言，既要携带图纸，也要配备平板电脑，若再加上厚重的资料书籍，逐页翻查内容指标，了解国情所需属性，必然会极大地影响工作效率，阻碍项目进度。面对这一棘手难题，常博陷入沉思，凭借着钻研的劲头，他依据甘肃省独特的地貌特征，将地表覆盖信息精心梳理整合出90余项，逐一标注CC码（地表覆盖分类代码）、名称、指标和简洁明了的定义说明。针对国情信息，同样按照CC码、指标和外业调绘属性，整理为两页，双面打印。如此一来，外业调绘时，工作人员手持这份资料，便能对地表分类一目了然，既减轻了外业负重，又大幅提升了工作效率，甚至在内业的数据采集环节也发挥了至关重要的作用。他的辛勤付出不仅为地理国情普查精准赋能，打下了可靠的数据根基，还为当地的经济社会蓬勃发展筑牢了数据基石。

11月中旬的一天，盘克镇的图斑核实任务被列为当日的重中之重。常博一早便出发，背包里装满必备装备和干粮，手机、平板电脑、图纸、工作证一应俱全，踏上了奔赴山区的征途。图斑位于深山老林之中，车辆无法直达，他只能徒步前进，山间灌木荆棘丛生，即便戴着手套，也难以避免被刮伤。山路湿滑泥泞，每走一步都需全神贯注，稍有不慎便可能摔倒。汗水浸湿衣衫，冷风呼啸而过，手上的伤口隐隐作痛。更让人担心的是，据村民说这片山林时有野兽出没。然而，重重困难并未吓退常博，历经三四个小时的艰难攀爬，他终于抵达了图斑所在地。一到现场，他便马不停蹄地展开工作，全神贯注地核实图斑信息，全力确保数据的准确性和完整性。

因平凡而伟大
—— 冶金地质优秀技术工人奋进实录

用专业成就事业

时光荏苒,一晃18年过去,常博也实现了从作业组长、技术负责人、技术总监到综合素养过硬的项目经理的华丽蜕变。

2011年盛夏,常博首次踏上异国他乡的土地——蒙古国,此次他肩负重任,作为项目经理,奔赴哈拉特乌拉矿区测量项目。此行旨在实地检验无人机倾斜摄影技术在大比例尺测图工作中的应用成效,为行业发展开辟新路径。

哈拉特乌拉矿区地处蒙古国南部中戈壁省腹地,海拔介于1260米至1500米之间,夏季短促却酷热难耐,自然环境极为恶劣,昼夜温差大。7月的矿区,骄阳似火,炽热的阳光毫无保留地倾洒而下,整个矿区仿佛置身于巨大的蒸笼之中,热浪裹挟着尘土肆意弥漫,每一次呼吸都变得异常艰难,白天气温持续飙升,频频突破40摄氏度大关。但常博深知,能够参与海外重大工程建设,是千载难逢的机遇,必须牢牢抓住。他争分夺秒,白天顶着烈日外出测量,夜晚则在简陋的帐篷中埋头进行数据验算,蚊叮虫咬、披星戴月成为工作常态。

在晨曦微露、暑气尚未完全笼罩大地的清晨,常博便带领团队成员肩扛着几十斤重的仪器设备,徒步走到离蒙古包较远的测区开展测绘作业,最远的一次徒步路径长达30千米。白天,他全情投入勘探一线;夜晚,他又组织队员深入分析探讨当日遭遇的地形状况,精心规划下一步工作计划和安排。他们反复推敲可能出现的各类问题,注意研讨应对策略,确保每一个细节都经过深思熟虑、妥善安排。待队员们陆续休息,常博依旧坚守岗位,再次对当天的测量资料进行细改、整理和汇总，为后续工作筑牢根基。

在这般艰苦的环境下，常博作为团队的领军人物，以身作则、率先垂范，凭借着严谨细致、一丝不苟的工作作风，感染着身边每一位队员。整个团队从未有过丝毫懈怠、等一等的念头，更不怨天尤人，最终齐心协力确保了测绘数据的高度准确性和完整性，不负此番海外"出征"，为项目画上圆满句号。

用科研逐梦未来

10余年来，常博始终坚守初心，致力于高水平信息化测绘和勘察新技术的前沿探索，紧握科技"利剑"，以实际行动践行"应用地理信息技术造福民众"的庄重诺言，尽显优秀测绘人的担当和风范。

常博常说："我不过是一名平凡的工匠，单纯质朴，但对待工作，我会像对待科研一样，用一名测绘人的匠心担当起一名党员的初心，在测绘信息化、专业化的道路上，脚踏实地传承测绘精神，为中国式现代化贡献自己的一份力量。"

近年来，常博聚焦新时代测绘地理信息事业发展"两支撑、一提升"的战略定位，紧紧围绕服务自然资源管理、助力生态文明建设两大核心任务，开展一系列课题研究。充分挖掘测绘地理信息数据这座"富矿"，融合遥感计算、地理信息系统、模型分析等前沿技术，从生态环境优化、自然资源资产价值评估、宜居城市发展谋略、自然资源可持续利用策略等多个维度深度剖析存在的问题，将海量数据转化为知识服务、决策支撑及切实可行的对策建议，借测绘科技之力，为社会经济稳健发展和生态文明建设保驾护航。

因平凡而伟大
——冶金地质优秀技术工人奋进实录

一路拼搏奋进,常博收获累累硕果。多次被授予公司"优秀工程奖",获得过"山东省优秀测绘地理信息工程二等奖""中国测绘学会全国优秀测绘工程奖铜奖"。自2010年起,在《工程管理前沿》等国家级期刊上发表了多篇颇具影响力的学术论文。他在信息化测绘在土地利用与管理中的应用、无人机倾斜摄影技术在大比例尺测图工作中的应用、测绘地理信息在应急测绘中的应用等前沿领域深入探索,不仅具有较高的学术价值,更为一线实践工作提供了最有力的理论支持。凭借卓越非凡的专业能力和坚定不移的信念,常博在科技创新和项目建设双赛道上并驾齐驱,书写了一段又一段璀璨夺目的职业华章。如今,脚下之路仍在延续,未来还会书写更多辉煌。

爱岗敬业甘奉献

风雨无阻测绘人

——记中国冶金地质总局山东正元建设工程有限责任公司马颇

马颇，外号"马班长"，1991年6月毕业于冶金工业部山东地质技工学校，随后在冶金工业部山东地质勘查局一队工作。1999年3月进入山东正元地理信息工程有限责任公司工作。2020年12月进入山东正元建设工程有限责任公司岩土测绘院工作至今。他负责和参与的多个工程项目也获得了"山东省地球物理科学技术奖""山东省优秀测绘地理信息工程奖"等多项殊荣。

30余年来，马颇始终坚守初心，将测量数据、爱护仪器、安全生产、工作任务和带好年轻人放在心中最重要的位置。

测绘放在第一：及时准确

风雨无阻是测绘人的职业操守，而马颇便是完美诠释这一操守的测绘人之一。

2021年夏天，正值雨季，马颇负责济南某住宅建设沉降观测项目的基坑监测和楼房沉降观测工作。当时场地由于下雨一片泥泞，大车车轮碾出深深沟壑，基坑现场条件极为恶劣。面对项目现场工况复杂、

因平凡而伟大
——冶金地质优秀技术工人奋进实录

施工车辆较多、高差较大、基准点不易保存等实际情况，马颇凭借多年工作经验，与项目组精心规划测量路线，并根据基坑进度合理布设监测点。同时，他带领团队发扬不怕苦、不怕难的精神，无论刮风下雨，白天及时测量数据，夜晚整理报告，积极与甲方沟通汇报，努力攻克难关，最终按时准确地提交了报告，顺利完成施工任务。

2023年8月，又是一个盛夏，公司承接了青岛某铁路保护区变形监测技术服务项目。这又是一个工期紧、任务重、要求高的"硬骨头"。接到任务后，马颇带领项目人员每天到项目施工地下停车场蹲点测量，晚上整理数据、报表，一蹲就是1个月，风雨无阻，最终一份份精准无误的数据获得了甲方的高度赞誉。

而寒冬对测绘人来说同样不友好。2023年12月，山东突降的第一场大雪，给全省铁路维护工作人员带来极大压力，青岛也不例外。此时，青岛项目施工工程到了安装自动化监测设备的节点。该项目监测需要提前申请天窗作业，若作业到晚上11点30分还未结束，则需要经过严格的进出手续才能继续。在寒夜中作业的经历，令马颇深刻体会到青岛冬季的寒冷，长时间作业手脚冻得几近僵硬。为保持灵活度，他带领大家就地做俯卧撑取暖，凭借这种咬牙坚持连轴转的精神，最终按期完成了自动化测量设备的安装。设备正常运行后，马颇更加忙碌，白天监测，晚上整理报告，还要挤出时间整理大量数据报表并及时上传提交，定期深夜进站维护设备。辛苦终有回报，该项目不仅得到甲方认可，还为公司创造了良好的经济效益。

安全放在第一：总是放心

"跟着马班长出野外，放心"，与马颇共事过的同事们都这样说。多年来，马颇始终将安全工作放在首位，坚持"安全第一，预防为主"的方针，认真落实安全生产责任制及公司的各项规章制度。每次进入项目前，他都会召开安全会议，反复强调项目生产过程中的注意事项，逐一排查安全隐患，严格落实安全责任。

2022年3月，马颇和同事们进入威海某新建工程地形测量项目进行控制测量。当时正值春季，威海海边风大，人在海边站着，甚至可能被风吹倒，给测量工作带来很大难度。若大风天气持续，项目可能无法顺利开展，导致无法按期完成任务。

一位刚参加工作半年多的同事向马颇抱怨："这种大风天气，仪器架不住啊！"经验丰富的马颇环顾四周后，寻找周边较大石块，压住三架脚，并安排专人在每个三脚架旁边守护仪器安全。果然，三个大石块压住三脚架后，任凭海风呼啸，全站仪稳如泰山，测量任务得以安全完成，及时为建设单位提供了测量数据。

2022年8月，山东省某医院病房综合楼建设项目楼房沉降观测开始，当时楼房脚手架未完全拆除，楼外被安全网包围，给观测工作带来了诸多困难。该项目既要保证人员人身安全，又要确保测量数据准确，保护测量仪器不受损。

大家在脚手架的狭小缝隙中穿行时，马颇不断提醒："大家注意仪器，不要碰到三脚架""大家注意脚下木板上的倒钉""师傅，麻烦稍等一下，等我们测量过去，你们再工作好吗？"，工作安全结束时，大伙相视一笑，悬着的心才放下。

这一年，马颇先后主持参与多个测量项目，均在保证安全生产的同时按期完成，其所在部门也荣获了"安全生产先进集体"称号。

"传帮带"放在第一：激发活力

马颇不仅技术高超，还传承着老员工的优良传统，积极发扬"传帮带"精神，在技术上无私帮助新员工，在生活上也关怀备至，注重团队精神和集体荣誉感建设，使所在团队充满活力。

每当新员工入职，马颇除了技术带教外，还会在生活和思想上提供帮助。工作之余，他会与每个员工谈心，了解其心理变化、负担和负面情绪，并积极疏导，让他们做好挑战测量外业工作的心理准备，以饱满的热情迎接工作。

公司新员工小韩回忆，自己刚到公司时，对工作既充满激情又心怀忐忑。公司安排了马颇指导他工作。每次外出干外业，他总有许多问题，马颇从不厌烦，耐心解答，遇到无法解释的问题，还会亲自示范，让他学得很快。

有一次，二人共同接到任务，需长期驻扎项目所在地。作为老新组合，刚到项目时马颇承揽了大部分工作，内业外业任务繁重，还要联系各单位配合，忙得不可开交。做监测工作需要每天提着沉重的仪器到现场测量，遇到恶劣天气也不例外，即使年轻人也会感觉吃不消，而50多岁的马颇，每次外业回来虽疲惫，但一到工作现场就精神抖擞，工作稳中有序。有段时间两人都发烧咳嗽，马颇依然坚持每天到现场，兢兢业业完成所有工作。

"从马哥身上不仅学到了技术，他更是我工作的领路人。"小韩评价说。

马颇，这位坚守初心的测绘战士，30多年，以脚踏实地的付出，为山东局正元建设岩土测绘院测绘事业贡献力量。用行动诠释了测绘人的责任和担当，展现了冶金地质测绘人坚韧不拔的精神。

笃行三十年　不负所期

——记中国冶金地质总局山东正元地质资源勘查有限责任公司淄博分公司王清明

王清明，这位中国冶金地质总局山东正元淄博分公司的项目工长，用30年来的坚守与付出，为地质事业绘就了一幅浓墨重彩的壮丽画卷，完美诠释了"笃行"二字的深邃意义。

接过父辈的"接力棒"

王清明是名副其实的地质二代。他的父亲作为冶金地质事业的第一代开拓者，于1958年投身工作，彼时正值我国地质找矿事业的第一个辉煌阶段。国家初立、百废待兴，矿产资源极度匮乏，父辈们怀揣着炽热的爱国情怀和建设祖国的坚定决心，背上行囊，毅然迈向未知的山川湖海。他们以无畏的勇气，攀登重重峰峦，战胜疲劳和严寒，足迹从内陆矿点延伸至高原矿山，勘探领域横跨石油、天然气乃至固体矿产，历经30年，为祖国摸清了矿产家底。到了20世纪80年代末90年代初，国家步入市场经济转型的关键节点，各地地勘单位纷纷开启转制、办企之路，部分转向水文、建筑工程勘察等领域。在这一历史转折之际，王清明接过父辈手中的"接力棒"，开启了属于自己的30年地质征程。

回忆童年，王清明眼中的父亲总是行色匆匆，常常离家许久，归来几日便又再度启程，肩头总是挎着那沉甸甸、鼓囊囊的行囊。家中兄妹三人全靠母亲一人含辛茹苦拉扯长大，家中琐事、田间农活全由母亲操持，最艰难时，年终结算甚至还要往生产队倒交工分。然而，母亲从未有过丝毫怨言，反而时常教导子女要勤奋学习，长大后像父亲一样为国效力。

成长于这样的家庭，王清明深受父亲熏陶，将地质人的"三光荣"和"四特别"优良传统融入血脉。参加工作后，他投身地质钻探一线，一干就是30年。其间，他从山东招远金矿探矿工程的105机台钻工做起，凭借吃苦耐劳、勤奋钻研的劲头，逐步成长为山东临淄铁矿探矿工程105机台带班班长，不仅熟练掌握了钻探技术，更锤炼了领导能力，为日后转战勘基工作筑牢了坚实根基。

踏遍千山万水

30年风雨兼程，王清明的足迹遍布大江南北，他积极参与并主持完成了100余项大中型项目和重点工程施工项目，涵盖多个领域，从未有一年间断，其身影穿梭于山东、广西、湖北、广东、内蒙古、福建、安徽等地区。早期，在北海、武汉两地的香格里拉桩基工程施工中，面对复杂多变和棘手的施工难题，王清明率项目组勇往直前，钻孔深度大、桩径大等技术难关横亘在前，他凭借精湛的专业知识和丰富的实践经验，组织项目人员反复研讨、试验，成功找到解决方案，

因平凡而伟大
——冶金地质优秀技术工人奋进实录

圆满完成任务，为项目顺利推进立下汗马功劳。武汉沙湖住宅楼桩基项目施工期间，百年一遇的特大洪水汹涌来袭，身为机长的王清明，带领机组人员日夜坚守岗位，一方面合力保障工人生命安全，另一方面严密守护公司财产设备，确保无一损失。在这场与天灾的较量中，他展现出卓越的应急指挥能力和高度的责任感，赢得各方赞誉。在淄博东方之珠桩基工程施工项目中，王清明担任生产经理。项目工期紧迫，生产任务繁重，他协同项目人员齐心协力，精心规划每一个施工环节，合理调配人力、物力资源。最终，项目超预期完工，并荣获"山东省工程建设勘察设计优秀质量管理小组一等奖"，为公司赢得荣誉。在广西金川有色金属加工项目主厂房B、C标段桩基工程施工中，王清明主持工作。严把质量关，每一道工序的操作规范都严格监督执行，整个项目施工过程安全无事故，提前竣工，以卓越品质为公司品牌形象添砖加瓦，在行业内树立了良好口碑。在俄罗斯马格尼钢厂扩建桩基工程中，王清明担任项目生产经理。身处异国他乡，克服语言不通、沟通不畅、施工时间长等诸多困难，没有丝毫退缩，按期圆满完成生产任务，展现出中国地质人的风采和担当。

回首往昔，公司承接山东省外首个项目时，年仅22岁的王清明主动请缨，担任班长一职。他怀着满腔热血，与机台其他人员带着设备奔赴项目现场，历经8个昼夜的艰苦跋涉，终于抵达工地。面对全新且复杂的地质条件，作为首个桩基施工项目挑战重重，但王清明凭借扎实的专业基础和果敢的决策力，带领团队最终顺利攻克难关完成桩基施工任务。随后承接的广西南宁国贸大厦桩基施工项目，王清明再度担任班长。该项目难度更大，塌孔严重、沉渣清理困难等诸多施工难点纷至沓来。他扎根现场，日夜钻研，逐一化解难题，赢得各方一致好评。值得一提的是，因种种原因，该项目停工10年后重启，当年打下的桩基，现在依然达标，这是对王清明专业水准的最好见证。

在王清明的带领下，他所在的项目组屡创佳绩，赢得同事们的敬重和领导的认可，成为行业标杆。项目组多次荣获"安全生产先进集体"和山东局"优秀项目部"等称号，他本人也多次荣获分公司"先进个人"等称号，这些荣誉的背后，是他三十年如一日的默默付出与坚守。

"地质精神"薪火相传

在王清明的身上，能够看到无数地质工作者奋斗的影子。无论是酷暑严寒，还是异国他乡，他始终冲锋在前，引领项目组攻克一道又一道难关。每一个钻孔、每一处桩基，在他眼中都承载着生命的安危、未来的希望和梦想的重量。即便已至天命之年，他的干劲依旧不减，精神抖擞，毫无懈怠之意。

2022年10月，安徽某桩基及基坑支护项目开工。该项目作为分公司首次承接施工的合同额超亿元的单体岩土项目，工期紧、任务

因平凡而伟大
——冶金地质优秀技术工人奋进实录

重、设备繁多、场地复杂、多单位交叉作业等诸多难点，是前所未有的挑战。王清明勇挑重担，担任现场生产经理，全面负责施工过程中的设备调配、人员组织和材料供应及现场协调、调度和管理等关键工作。项目中标后，经验丰富的王清明深知实地踏勘的重要性。他多次深入施工现场，掌握了大量的一手资料。基于这些翔实的数据，他针对施工中可能遇到的各类问题，制定了周密的方案和切实可行的应对措施。施工过程中，精心布局、科学谋划，依据场地实际情况、工作量大小、施工难易程度和工期要求，采取分区分段施工策略，最大限度发挥人、机、物的效能。同时，他密切关注施工进度，灵活调整辅助机械数量，既确保了按时完成任务，又避免了资源浪费，实现了效益最大化。

整个工程中，加热炉区域和轧机区域是最难啃的"硬骨头"，作为厂区热试的核心主体和项目关键节点，这两个区域设计单桩平均长35米，最长达45米，送桩最深达12米，砂层厚，管桩穿透难度极大。面对困境，王清明与现场施工人员并肩作战，反复试验、比对各种方案，经过不懈努力，他们摸索出一套行之有效的方法：采用重锤低击慢速穿过砂层，将土体内积聚应力影响降至最低，送桩时，特制大头细身送桩器，既减轻重量又降低摩擦，大幅提高拔送桩器效率。凭借这一创新举措，他们成功攻克难题，啃下了这块"硬骨头"。

"今天的现场就是明天的市场，现场管理是衡量企业综合管理水平的重要标志"，这是王清明常挂嘴边的一句话，也是他身体力行的准则。他格外注重安全文明标准化建设，每到一处工地，都会参与整体布局、统一规划，推行封闭管理，甚至在部分工地成立以他为组长的标准化作业巡检组，他带领小组成员每天巡检，发现问题立即整改，确保整个施工过程安全、文明、有序。久而久之，项目组全员养成了严谨规范的作业习惯，成为公司对外展示的一张亮丽名片。

当问及项目组里的年轻人对王清明如何评价时，小伙子们眼中满是敬佩："王工技术精湛，工作能力超强，跟他干已经有五六年了，他的工作精神也深深影响了我……"这正是地质人的"三光荣""四特别"优良传统，是王清明30年躬身践行的精神。这种精神如今正如同火炬一般，在年青一代地质人手中熠熠生辉。

城市"光"的守护者

——记中国冶金地质总局地球物理勘查院天泰电力科技（河北）有限公司王义刚

70后的王义刚从小就对电气设备兴趣浓厚，部队的历练则让他在面对艰苦条件时更加从容自信。1992年复员被分配到中国冶金地质总局地球物理勘查院天泰电力科技（河北）有限公司后，他坚持在干中学、学中干，考取了高压电工资格证书，越是困难越要冲锋在前，得到同事的一致认可，荣获公司"先进工作者"和地球物理勘查院"安全生产先进个人"等称号。

坚守一线　勇创佳绩

王义刚在电力一线耕耘多年，敬业精神和专业素养赢得了公司的认可。他深知电力工作的重要性，无论昼夜寒暑，始终坚守岗位、默默奉献。

2014年，在公司改革的激励下，天泰开关工程服务部积极与电力局协商，对所有变压器开关进行故障前安全检修。王义刚带领团队勇挑重担，当年完成5个局60多台开关的维护检修、3台主变开关的更换大修，排除故障，保障变压器安全运行。

2015年，王义刚摸索积累V型、M型等20多种开关经验，加强变压器检修学习，全年完成200多台开关检修、20多台变压器大修，推动公司产值翻番，展现精湛技术，助力公司经济发展。

2016年，市场变化时，王义刚凭借踏实作风、负责态度、良好口碑，在竞争中站稳脚跟，全年完成386台开关检修、48台变压器大修，其中V型、M型等20多种新型开关80多台套。

王义刚始终坚守本职工作，强化团队安全意识和技术水平，提升解决技术难题能力，出色完成各项工作任务。在他的带领下，运维团队积极与电力局沟通协作，对变压器开关预防性检修，加强新型开关学习掌握，提升工作效率和质量，提高设备运行可靠性，创新利润增长点，推动公司业绩实现稳步增长。

古道热肠　心系大家

在变压器运维检修工作岗位工作近20年的王义刚，始终兢兢业业。他常为抢修电力设施加班加点，饿了吃方便面，困了在沙发上歇一歇，因为他深知，电力施工关键期不容耽搁。在一次运维检修作业中，王义刚扭伤脚踝，同事们劝他回去休息，他却强忍着伤痛，坚持作业，直至全部完成。他说："部队的经历和工作经验告诉我，有些小伤小痛忍忍就过去了，工作任务耽误不得。"

生活中的王义刚热心肠、乐于助人，常以自己的专业技术帮助他人。一次，他工作十几个小时后回到住处，听到邻居说没电，虽疲惫不堪，仍立刻带上工具前往邻居家。经过近一个半小时的检查维修，帮助邻居家恢复供电，邻居要给他维修费，他微笑拒绝说："邻里邻居的，这是我应该做的，举手之劳而已。"

"平安工作，一旦出事故后果不堪设想。"王义刚常在施工现场说这句话。他不仅教年轻人技术，更强调安全生产理念。每次工作前，他都带领团队制定最优方案、最全预案。正是这种精益求精的精神，让他从普通电力工人成长为运检团队负责人，用汗水和智慧书写了不平凡的岗位经历，诠释了热爱、追求和努力，在岗位上不断绽放光彩。

为保供电　挑灯夜战

2023年盛夏的邯郸，深夜11点，城市喧嚣渐退，万家灯火阑珊。此时，正在为永年供电公司抢修变压器的王义刚，正全神贯注地在作业区手持LED探照灯，仔细寻找最佳位置，以确保工作区域光线充足。

王义刚作为一位技术出众、经验丰富的电力工人，变压器抢修工作早已驾轻就熟。但今夜他额头上却微微沁汗，这既是9月邯郸的酷暑未退，也是肩上沉重的工作压力所致。得知白天因负荷过重停电可能带来的巨大影响后，王义刚与运检团队决定凌晨用电负荷减轻时展开运维。他们迅速调整计划，商讨夜间作业方案及安全细节。夜幕降临，一切准备就绪，静待通知。

深夜接到通知后，王义刚唤醒队员们，驱车前往变电站。现场一片漆黑，光源稀缺。他迅速在合适位置将LED探照灯安装好，光线照亮了工作之路。

尽管是夜晚作业，王义刚和队员们毫无怨言，他们严格按照作业指导书，一丝不苟地完成每一项运维工作，从深夜一直战斗到天边泛起微光，直至任务圆满完成。

深夜邯郸的电力抢修，是王义刚和他的团队工作的缩影，他们是电力供应的坚强后盾，是城市"光"的守护者，他们始终立足岗位、任劳任怨、敬业执着、默默奉献、勤恳坚守，守护城市电力供应，点亮万家灯火。"将来依然要继续坚守，"王义刚说，"干一行、爱一行，既然选择了这个岗位，我就要尽心尽力去做好。"

不忘初心　青春闪耀

——记正元地理信息集团股份有限公司正元数科公司王超

王超，中共党员，现任正元地理信息集团股份有限公司正元数科公司系统集成工程部主任工程师。在这个充满挑战与创新的领域，他已经奋斗了15年，职业生涯如螺旋上升的励志史，记录着他在项目实施员、项目经理、高级项目经理、主任工程师等岗位上的点滴。

作为优秀项目经理，从阜阳智慧城市到鱼台智慧城市再到衢州智慧园区等重大项目，都有他浓墨重彩的一笔。王超不仅技术功底高超，还具备敏锐的市场洞察力和卓越的领导能力，带领团队攻克了诸多技术难关，为公司赢得了荣誉和赞誉。

敢啃"硬骨头"　勇于挑重担

2018年12月底，王超接到赴任衢州智慧园区项目经理的任命，这是他职业生涯的重大挑战。衢州智慧园区项目是首个较完整的化工园区安环领域数字化项目，是正元智慧城市业务聚焦成果转化战略的"桥头堡"，建好此项目对公司转型升级进军新业务领域至关重要。面对艰巨任务，王超丝毫没有退却，反而充满了斗志。

一到项目现场，王超就展现出担当精神和组织力。他迅速召集团队开现场会，了解项目进展和困难。夜幕降临，仍带领团队研讨安全、环保、应急、企业服务等关键事项，确保工作精益求精、行动掷地有声。

面对甲方高标准和严要求，王超冷静镇定。他主动走访20多家用户单位，调研近百次，深入园区内部，与十几家企业进行面对面的交流，切实了解他们的需求和痛点，掌握大量可靠、宝贵信息，为项目顺利推进奠定坚实基础。

在王超亲力亲为下，衢州智慧园区项目正常生产并稳定运行，获得了甲方高度赞誉和行业内广泛认可。这次成功突破，为公司赢得经济效益，也为王超和他的团队赢得荣誉和尊重。一时间，王超成了行业焦点。

敢于"挑大梁" 不畏艰难险

2019年初秋，项目建设遭遇前所未有的挑战，一些恶意竞争和甲方的高压需求使项目建设一度陷入停滞。在这个节骨眼上，作为项目经理，王超如同遭遇大风大浪的船长，肩负着引领团队破浪前行的重任。他保持冷静，立志冲破阻碍，拿出令人满意的方案。

在攻坚期，王超是每天早上第一个踏入项目部的人，也是入夜后最晚离开的人。他是团队的主心骨。他的身影在寂静的走廊中显得格外坚定、高大。3个月里，他将整个身心都投入项目，无论是修订方案，还是推进进度，他都不遗余力。

加班到凌晨一两点是常事。王超的眼睛熬得通红，布满了血丝，实在太困了就穿上外套到外边跑跑步，让清晨的空气拂去疲惫，提神后回来接着工作。这种状态持续了近100天，终于，在他与全体项目人员的拼搏努力下，设计方案获得了甲方一致好评。他证明了自己的能力，更征服了他人，为团队争得了荣誉。

敢于"涉险滩" 无惧风浪高

2020年春节后，衢州智慧园区建设项目作为首批复工复产重点工程率先重启。时间紧、任务重，王超挺身而出，主动请命，以身作则驻扎在项目一线，与施工人员同食同寝。受新冠疫情影响，项目建设和人员调配困难重重：面对办公地点封控的困境，他在项目宿舍内搭建起临时办公场所，巧妙地解决了通勤难题；面对防疫物资短缺，他个人出资购买口罩、消毒水等物资，以保障"战友"的健康安全。经过3个月的昼夜奋战，项目最大限度按节点完成。这个战斗力强大的团队，在一手抓防疫一手抓生产中创造了项目的好成绩，建设成果和进度获得甲方的高度赞誉，项目不仅顺利完成，还在中国智慧城市大会上荣获了"2020智慧城市先锋榜优秀案例二等奖"，协助甲方获评全国第10家"中国智慧化工园区试点示范"单位，为公司打开化工园区安全环保市场立下了赫赫战功。

敢于"燃自己" 舍小家为大家

2015年上半年至2016年末，王超和团队肩负起一项艰巨的任务——晋江市主城区地下管线普查及信息化系统建设项目。关键时刻,王超一句"交给我们吧",便放下家里的事赶赴晋江。

该项目对城市管网软件产品的应用要求高、难度大。有一次,原本应该实时更新的管网数据出现延迟,紧接着出现了数据丢失问题,为了尽快解决这个问题,王超组织"资深工程"维护队,通过远程连接,对软件产品进行了检查,经过逐层检测排查,发现了问题根源在于软件中的一个关键模块出现了异常。找到"病灶",王超和技术团队就开始对这个关键模块进行深入分析和调试,充分发挥专业技术知识优势,经过23个小时不眠不休持续奋战,终于成功解决"病灶",修复了模块。

功夫不负有心人,星光不问赶路人。在团队共同努力下,项目凭借创新技术应用、精细化数据处理和高效信息管理系统,在众多优秀项目中脱颖而出,荣获了"山东省地球物理学会二等奖",再次为公

司的荣誉榜增添了浓墨重彩的一笔。

平凡的岗位成就不凡成绩。十五载春秋冬夏，弹指一挥间。王超从稚嫩的青年成长为经验丰富的主任工程师，正元地信助力了王超的成长；王超也用自己的努力和成绩，给正元地信增光添彩。

昨日经历的苦　成为今天前行的光

——记中国冶金地质总局昆明地质勘查院代兴友

2024年，是代兴友在中国冶金地质总局昆明地质勘查院辛勤耕耘的第30个年头。30年的岁月流转，寒来暑往间，他从普通技术员逐步成长为独当一面的项目负责人，再到分公司的总工程师，其工作足迹遍布西南大地的山川沟壑，每一寸土地都承载着他奋斗的记忆。他始终怀揣着对地质事业的热爱，秉持踏实勤勉、兢兢业业的工作作风，在锰矿勘查、高层建筑岩土工程勘察、隧道项目岩土设计和安全管理等诸多领域中不断磨砺自我，凭借良好的专业素养，在岗位上恪尽职守、发光发热，勾勒出一幅地质人坚毅奋进的壮丽画卷。

精业务　肯吃苦

20世纪90年代初期，代兴友告别校园，踏入昆明院的基础工程公司，开启了岩土工程勘察设计的职业生涯之旅。从学生身份切换至职场新人，初来乍到的他，面对全新且复杂的工作环境，难免有些茫然无措。为迅速适应，他与工人们一同扎根工地，住帐篷，吃大锅饭，虚心向工人师傅请教。在那个电脑尚未普及的年代，白天他专注于野

因平凡而伟大
——冶金地质优秀技术工人奋进实录

外编录，收集第一手资料；夜晚挑灯夜战，一支笔、一把尺子，对着图纸，全神贯注地手工连线绘柱状图、剖面图，仔细划分地层，一旦发现异常数据，立即进行复核，确保野外资料翔实准确，不容有丝毫差错。

在工作实践中，代兴友始终保持一丝不苟的严谨态度，对待每一项任务都认真负责，对自己更是高标准、严要求。他深入钻研专业规范，练就了善于观察的慧眼，勤于思考探索，不断提升自身业务技能。一分耕耘、一分收获，一线的艰苦历练让他快速成长，逐步成为一名业务精湛、技术过硬的优秀技术员，凭借出色表现，多次荣获"先进生产工作者"称号。

代兴友不仅业务能力出众，吃苦耐劳的精神更是令人钦佩。2003年非典疫情时，公司组织项目组奔赴西双版纳州勐海县某锰矿区进行勘查作业，受疫情影响，交通不便，他们历经两天才艰难抵达项目现场。为了积极配合村里做好疫区返回村民的集中隔离观察工作，项目组毫不犹豫让出了库房，转而在工地搭建帐篷作为临时住所。在那段艰苦的日子里，队员们与蚊虫做伴，在烛光下用餐。代兴友后来回忆时说道："当时的虫子大多是蜈蚣，大小各异，大的足有20多厘米，小的也有几厘米，呈褐红色，毒性极强，人一旦被咬后极易中毒休克。这些蜈蚣不仅在地上肆意横行，甚至还爬到了帐篷上、床上，夜晚大家都提心吊胆。第二天，赶忙找乡医寻药，用当地特制的草药对帐篷进行喷洒，这才把蜈蚣'赶'走。"那时，工地现场没电没水，又逢炎热多雨，食物储存困难，忙碌起来时常补给中断。尽管工作条件如此艰苦恶劣，项目组全员没有丝毫退意，大家齐心协力、埋头苦干，最终圆满完成了各项工作。这一经历，也彰显了冶金地质人顾全大局、支持地方工作的责任担当。

战风雪　抢工期

2019年11月，公司承接了一项极具挑战性的勘察工程，线路全长20多千米，其中有1/4的钻孔在位于海拔3000米以上的高原山坡。这片山坡森林茂密，属于玉龙雪山自然保护区，植被以云南松为主。当时正值冬季，工期紧、任务重，且天寒地冻，又是森林防火的重点区域。身为总工程师的代兴友，迎难而上、挺身而出、勇担重担，镇守在最关键的作业段。他所负责的钻探班组在海拔最高处施工，冬日的玉龙雪山，气温极低，寒风凛冽，钻探用的蓄水池，一夜之间便能结起10多厘米厚的冰层，即使到了中午，在太阳的照射下也难以融化。面对这一棘手难题，代兴友与钻探技术员深入研讨对策，最终决定采用下班时放空水池防止结冰、上班时加热水暖通的方法，成功攻克了这一难关。

冬季寒流频繁来袭，一场冬雪过后，漫山遍野玉树琼枝、银装素裹，严寒天气也如期而至。北风的呼啸和严寒的侵袭也未能阻挡团队前进的脚步，在代兴友的带领下，他们在严寒中顽强拼搏、争分夺秒为正常施工创造有利条件。玉龙雪山作为国家5A级旅游景区，勘察施工区域位于保护区内，云南松落叶堆积较厚，天干物燥，森林防火任务艰巨。代兴友精心组织制定严密周全的防火方案，采取强有力的防火措施，配备充足的灭火器材，并加强现场巡视力度。面对诸多不利因素，他有条不紊地组织全体人员多措并举，紧盯关键施工环节，严格执行施工方案，坚守岗位，紧张有序地推进施工作业，最终成功完成勘察任务。用满腔的激情和辛勤的汗水奏响了一曲冬季施工的拼搏乐章，为游人能够乘坐由我国自主研发的全球首列全景观光山地旅游列车，尽情欣赏玉龙雪山绝美风光奠定了坚实基础。

老带新　传帮带

如何"传"思想、"教"经验、"授"方法，成为代兴友近年来思考最多的核心问题。2018年，公司进行机构改革，成立岩土分公司，代兴友凭借卓越的专业能力被聘为分公司总工程师。分公司初创之际，人员大多是刚走出校园的毕业生，面对这些稚嫩的新人，代兴友一方面亲力亲为，主动扛起繁重的工作任务，另一方面手把手悉心培养新人。最忙碌的时候，他带着3名新员工看守21台钻机。

在金沙江河谷，四五月天气闷热难耐，气温高达三十八九摄氏度。白天，代兴友穿梭于机台之间，仔细查看岩心，认真进行编录，一天下来，腰酸腿疼；夜晚，他挑灯夜战，专注于室内资料的整理。年轻人劝他休息，他却坚定地拒绝，他说："你们可别小看了这室内资料整理工作，只有进行深入的分析和研究，我们才能加深对场地地层的了解，精准查明不良地质作用，如实反映工程地质条件，进而找到最佳持力层，得出既安全适用、技术先进，又经济合理的地基基础设计方案。"他从不吝啬分享，每当同事在工作中遇到疑问、陷入困惑时，他总会结合自己多年累积的工作经验，耐心地为同事答疑解惑。

就这样，成为"老同志"的代兴友，面对这些初出茅庐的毕业生，不摆老资格、端架子，而是以平和亲切的态度与年轻同事沟通交流。从最基础的收集资料工作，到实地填图编录；从凭借听钻机声判断地层情况，到依据看粒径划分碎石土——他言传身教教导新人快速完成角色转变，融入工作环境，加快了新人的成长，带出一支技能精湛、作风过硬的队伍，逐步缓解了公司人员紧缺的困境。

野外的环境，没有都市霓虹灯闪烁，但却有着地质人深植于心的敬业精神。在地质岗位上，代兴友挥洒热血与汗水，凭借坚定的信念与执着的追求，展现出冶金地质人的磅礴力量与卓越风采。他在艰苦卓绝的环境中用心用情书写着冶金地质的壮丽诗篇，构成了矿山发展脉络中最富诗意最为动人的篇章。正如他所言："随着时间推移，每当看到我们曾经走过的荒山野岭里的矿山得以开采，每当看到我们勘察过的荒郊野地建起了高楼大厦，每当我们的地勘报告真正服务于地方发展，每当我们的工作获得肯定、得到回报，都让我无悔当初的选择，无怨于付出的汗水。"

顶上！在项目关键时刻

——记中国冶金地质总局中南局中南勘察基础工程有限公司吕广兵

吕广兵，54岁，是中国冶金地质总局中南局中南勘察基础工程有限公司玖龙纸业湖北项目三期桩基础五标段项目生产经理。他1992年加入地质队，成为一名冶金地质人，投身于多项大型项目建设，至今已有30多个年头。他始终深耕施工一线，专注于项目管理，凭借精湛的专业技能和丰富的实践经验，成为公司技术领军人物，多次荣获中南局"优秀共产党员""先进个人"等称号。

铺就成功之路的是汗水和心血，那一张张闪耀光芒的奖状背后，是一个个鲜为人知的动人故事。

精细："每个环节流程均须十分精准"

2022年3月，吕广兵担任玖龙纸业北海项目生产经理，负责现场施工的管理和协调工作。多年的现场工作经历，锤炼了他严谨细致的工作作风。项目刚进场时，他便注意到现场道路多为土路，平日里尚可通行，一旦下雨，管桩进场会陷车，进而影响项目施工，若遇连续阴雨天气，就可能导致项目停滞。事不宜迟，他当即和土方单位沟通，利用现场拆迁遗留的砖渣，用挖机和推土机铺设了一条临时道路。正是由于他未雨绸缪，做好了充分准备，雨季来临时，管桩得以顺利进场，工期也得到了保障。

7月的北海酷热潮湿、闷热难耐，即使什么都不做，只是站几分钟就会汗流浃背。吕广兵却要每天带着测量员顶着高温前往施工现场进行测量，规划电缆线路走向，确定施工所需电缆线长度。由于电缆进口在变电室的下方，需钻进电缆井才能到达变电室正下方，他主动下井拖拽电缆，身体如同上了发条一般不停地钻进钻出，虽汗如雨下、气喘吁吁，但他毫无怨言，一直坚持到电缆接通。随后他又马不停蹄地指挥挖机配合，将电缆铺设到指定位置，并规范安排一级配电柜的摆放，要求电缆全部用三脚架架空，每个配电柜都按标准做好接地和安全保护。他细致入微的工作得到甲方高度赞赏，其设计铺设的电缆方案被甲方作为模范标准，成为其他单位铺设电缆的参照。

心有所向，方能朝夕不倦。吕广兵坚守匠心，三十年如一日，他说："施工组织的每一个环节、每一个流程都需要十分精准，项目才能顺利进行。"

克难：紧贴生产主线，有难克难、有险处险

2022年8月，北海新冠疫情暴发，原本如火如荼的玖龙项目被蒙上一层阴影，稍有差池，项目就可能被叫停，损失巨大。"必须做好万全准备，避免叫停风险。"吕广兵的大脑飞速运转，他首先与管桩厂取得联系，让其提前向区里进行健康报备，做到未雨绸缪。接着他

又与项目经理紧急商议，将疫情防控作为重中之重，迅速采购防疫物资，全面做好消杀工作，建立防疫台账和体温检测反馈机制，定期组织核酸检测，最大限度地保障项目人员安全，确保项目顺利推进。在近1个月的疫情风暴中，项目部实现零感染，工程进度得以保障，项目不仅保质保量提前完工，还赢得了甲方高度认可，并成功实现项目续签。

拼搏："进度是项目的生命线"

吕广兵一年到头都处于待命状态。2023年8月9日中午，正在北海项目的他刚从工地回到项目驻地，还未来得及吃饭，就接到了总公司打来的电话。

原来，公司受邀参与建设华中科技大学国际校区桩基与基坑施工，该工程施工任务艰巨，包括2484根钻孔灌注桩，295根预制方桩，20000米高压旋喷桩，总长近80000米，还有一个小型基坑。其中，2484根灌注桩的施工时限要求极为紧迫，需在短短20天内全部完成，这意味着要在20天内完成几千万元的产值，时间紧迫、任务艰巨，一场大战一触即发。吕广兵毫不犹豫，即刻直奔武汉。

施工现场设备繁多、工序复杂、人员众多，项目投入了旋挖钻机、吊车等40余台设备，以及40余名项目管理人员，吕广兵深知现场管理的重要性，项目成本、质量、进度都与施工现场紧密相连，施工现场管理得当，项目便成功了一大半。因此，他不敢有丝毫懈怠，每天晚上7点都会召开生产协调会，总结当天工作，布置第二天任务，力求第一时间发现问题并解决，最大限度地消除管理盲点，确保沟通顺畅。此外，他每天还会为每个机台、每位管理人员列出详细的工作清单，以保证各个环节都能顺利完成任务。

施工期间，吕广兵从早到晚都坚守在施工现场，遇到急难险重任务时，更是和大家一同奋战。当夜班人手不足时，他总是第一个挺身而出，斩钉截铁地说："我是公司老员工，更是一名老党员，这个夜班谁都不要争，我来。"就这样，他常常工作到凌晨三四点，和衣而卧，稍作休息，天微微亮便又开启新一天的工作。他常说："进度是项目的生命线，我们只能往前冲，确保项目顺利完成。"在他的带动下，全体人员齐心协力，工程的安全、质量、进度、施工和成本等各项工作有序推进，最终提前5天按总包节点要求全部完成任务，且项目桩基经检测完全符合规范及设计要求，得到建设单位和总包单位高度评价，进一步提升了公司的品牌知名度，为公司承接华科国际学校后期项目奠定了坚实基础。

30多年来，吕广兵始终坚守在项目生产一线，从武汉市二环线项目在大雪纷飞中指挥施工，到华为桩基项目全力安排保障生产，再到玖龙纸业项目远赴广西北海遇疫情艰难推进，以及华中科技大学国际

校区项目"争分夺秒、大干15天"的永不服输……他勇挑建设重担，争当先锋表率，全力以赴为项目建设保驾护航。

在吕广兵的身上，我们看到了冶金地质人扎根一线、艰苦奋斗的拼搏精神，感受到了他们顽强坚毅、无怨无悔的奉献精神，体会到了他们无畏无惧、开拓进取的执着追求。

以"坚守一线"诠释"默默奉献"

——记中国冶金地质总局地球物理勘查院城市治理分公司刘宏伟

在领导眼中,他能吃苦、执行力强;在同事眼中,他沉默寡言却乐于助人;在家人眼中,他是工作狂,更是主心骨。他就是在中国冶金地质总局地球物理勘查院城市治理分公司工作30余年,平均每年坚守一线超9个月、名副其实的默默奉献者——刘宏伟。

年关临危受命　毅然勇挑重担

2020年年关将至,当人们忙着准备年货、期盼团聚时,刘宏伟刚刚结束长期在外的项目工作。他风尘仆仆地返回了保定,满心期待着与家人共度新年。

回家后的刘宏伟,非常珍惜与家人团聚的时间,做家务、备年货,让家变得焕然一新,充满了浓厚的年味。正当他与家人一同期待新年到来的时候,腊月二十九的一个紧急电话,打破了这份温馨。他接到了西宁市三维地质雷达道路应急检测任务。该任务对保障城市道路的安全至关重要,刻不容缓,刘宏伟深知其重要性和紧迫性,没有半点犹豫，放弃了与家人的团聚，立刻召集项目部的同事踏上前往西宁的征程。而妻子在这关键时刻的一句"去吧，任务为重，家里有我"给予了他莫大的支持。

从保定到青海西宁，1500多千米的路程，经过1个昼夜的奔波，他们抵达了项目现场。

除夕之夜，万家灯火，当人们欢聚一堂时，刘宏伟和同事们却冒着零下二十几摄氏度的严寒，开始了紧张繁重的工作。他们穿着厚重的防寒服，戴着安全帽和手套，在寒冷的冬夜里忙碌着。那段日子，为了抓紧时间完成任务，他们每天都在西宁市的主要街道上，一干就是十几个小时，用实际行动诠释临危受命、勇挑重担的责任和担当。

应对疫情　坚定信念

大年初五，新年的喜庆气氛尚未散去，刘宏伟就收到了新冠疫情的消息。疫情的迅速蔓延让全国都陷入了紧张的氛围中，西宁市也成为疫区之一。这个消息让项目部的同事们心情沉重。

在这个关键时刻，刘宏伟和同事们虽然心里忐忑不安，但他们并没有退缩。刘宏伟与区政府相关部门进行充分沟通和协调，制定了严格科学的防控措施，手中的工作没有一刻停歇。为了快速完成任务，他们决定人休车不休，检测车辆夜以继日地穿梭在西宁大街上。

刘宏伟会在休息时利用短暂的时间给家人打个视频电话报平安。虽然不能与家人团聚，心怀愧疚，但他明白自己的付出是为了更多人团聚，只能把对家人的思念转化为工作的动力和力量。

经过8个昼夜的奋战，他们克服了食品物资短缺、出行不便等重重困难，圆满完成任务。当最后一辆检测车辆驶回驻地，大家疲惫的脸上露出欣慰的笑容，他们深信，他们的努力会换来城市的道路安全和人民的幸福安康。

刘宏伟说，这是他工作二十几年来第一次在他乡过春节，虽然不能与家人团聚，但他觉得这个春节过得特别有意义，终生难忘。这次经历，让他不仅体会到责任和担当的重要性，感受到团队的力量和温暖，也让他更加热爱这个工作和团队。

这次任务还让刘宏伟和他的同事们收获了宝贵的经验和成长。"只有困难来的时候想办法解决，勇敢地面对，才是办法。特别是想着能做些实事、好事，就更有能坚持下来的决心了。"这是刘宏伟最大的收获。

忠于职守　默默奉献

西宁项目的坚守只是刘宏伟日常工作的一个缩影。在黄石市自来水公司第三方漏水检测项目中，在慈溪市供水管网普查探测项目中，在道路路基结构与缺陷勘测外业采集项目中……白天能看到他身穿工作服忙碌的身影，夜晚能看到他伏案整理数据。他把每一个项目都看作自己的孩子，倾注了大量的心血，满面的尘土与疲惫也掩盖不住他眉宇间的坚毅与执着。每当谈起工作中的困难，他总会说："2020年的项目，让我体会到了责任和担当的重要性，我所做的一切都是为了团队，为了那些并肩作战的伙伴们。我们一起面对困难，共同成长，让我感受到大家庭的温暖。这种团结和友爱让我坚信，只有团结一致，才能战胜一切困难。"平时沉默寡言的他，这时都会侃侃而谈。

因平凡而伟大
——冶金地质优秀技术工人奋进实录

此后的春节，刘宏伟和家人团聚时都会倍加珍惜。他深知，家人的支持是前进的动力，同时也会想起那个奋斗的春节和坚守一线的过往。若再面临同样的选择，他仍会义无反顾地奔赴一线。

用奋斗书写青春华章
——记中国冶金地质总局二局福建岩土工程勘察研究院有限公司洪荣渲

青春，是一段充满激情和活力的美好时光，每个时代的每个人都有独属于自己的青春故事。有的人在青春岁月中选择了安逸和舒适，而有的人则坚定地选择了奋斗和拼搏，洪荣渲便是后者。

洪荣渲是中国冶金地质总局二局福建岩土工程勘察研究院有限公司厦门分公司的一名勘察技术员。在17年的一线工作生涯里，他凭借着不懈的奋斗和辛勤的汗水，书写着属于自己的青春华章。从他的身上，我们能够看到一种勇往直前、迎难而上的精神品质。接下来，让我们一同走近洪荣渲，领略他用奋斗描绘出的青春画卷。

先把责任扛肩头

常言说得好，"责任重于泰山"。在人生的道路上，一个人对待责任的态度将决定其人生的走向。而洪荣渲就是那个敢于承担责任的勇者。

2009年到2012年间，分公司承接了征地拆迁的市政项目，该项目难度极大。在项目推进的过程中，频繁遭遇村民因青苗赔偿问题而阻工等棘手难题。当时公司的大多数技术人员都曾参与此项目，但最终因各种原因纷纷撤出。在这关键时刻，让谁接手呢？此时，了解洪荣渲平日做事风格的领导果断作出决定，让他负责该项目。

此项目极为复杂，不仅要把控好技术环节，还得配合建设单位解决青苗赔偿问题。而那时的洪荣渲，连勘察报告还未学会撰写，技术水平也处于"菜鸟"级别。不过，他一直参与该项目，对情况较为熟悉。有着"初生牛犊不怕虎"精神的洪荣渲，毅然决然地扛起了这个项目。他表示，没有什么其他好办法，唯有边学边做。在协调青苗赔偿时，稍有不慎就会和村民发生争吵，若遇到脾气暴躁的村民，甚至会被驱赶。洪荣渲一切为解决问题着想，尽量避免争吵，耐心沟通，想尽各种办法，最终逐一说服了青苗主人，使项目得以顺利开展。有一次，建设方急需某一位置的地质资料，而该点位恰好在一片荒地上。年轻的洪荣渲觉得荒地没有青苗不会有人来阻拦，就架设了设备，结果第二天发现机台的工具少了好几个。洪荣渲思索了片刻，觉得可能是村里的人拿的。如果把关系搞僵了，后面的工作可能就更被动了，于是他找到荒地的主人，主动提出适当补偿场地占用费，经过协商沟通，最终拿下了这个点，为这个地区以后的工作奠定了良好的基础。

洪荣渲认为，只要勇于承担责任，遇到不懂的多向前辈请教，越是难度大、问题多的工地，越能学到更多东西，成长也会更快。久而久之，洪荣渲养成了勇于"扛"责任的习惯。作为一名青年党员，他深知自己肩负着更重的责任。在开展主题教育时，洪荣渲率先报名参加"党员先锋示范岗"，他希望通过自身的实际行动，激励更多的人。了解洪荣渲的人都知道，他最可贵之处就在于从不挑项目，无论项目大小、难易，只要领导安排，他都尽心尽责地去完成，有时甚至身兼数个项目。而且，无论项目现场条件多么复杂，如未征地、场地未平整等不利于施工的问题，他都毫不畏惧、从不退缩，不厌其烦地与各方沟通协调，任劳任怨地加班修改工程方案，最终都能出色地交上令领导和甲方满意的答卷。

如今，单位一旦有困难的项目，第一个想到的便是洪荣渲。

迎难而上干工作

刚毕业，洪荣渲就被派往龙岩，负责高速公路的勘察项目。这个差点让他"栽跟头"的项目，虽吓退了他的同事，却未吓倒他，反而让他觉得，这样的经历是勘察人人生画卷中精彩的一笔。

该项目的勘测点大多分布在偏僻的山林和村庄中，点位间距较远，技术员们需要骑着摩托车在不同点位间往返多次。若遇到摩托车无法到达的地方，下车后还需徒步走山路。天气好时还算顺利，一旦遇上下雨，便经常摔得满身是泥。每天收工时，天色已晚，常常累得随便吃点饭、洗漱后倒头大睡。有一次，因前面几个点位走得太累，洪荣渲和同事为了少走路，硬着头皮骑了一段山路。上去时还算顺利，可完成任务往回骑时，一不留神车轮碰到石头方向一偏，洪荣渲连人带车朝山坡滚了下去。幸运的是，到半山坡时被树藤挂住，才化险为夷。

洪荣渲表示，在做每个项目时，无论遇到何种问题和困难，他都毫不畏惧，始终迎难而上。也正因如此，他逐渐成长起来，技术日益成熟，思想也不断进步，后来还主动递交了入党申请书。如今，党龄

10多年的洪荣渲，已连续多年被评为"先进工作者"，并因工作表现突出，被二局授予"质量管理先进个人"荣誉称号。

将心比心带徒弟

近几年分公司陆续招聘了一些新人。尽管洪荣渲相对年轻，没有老同志那般经验丰富，但他身上始终保持的奋斗姿态和强烈的责任感，得到了领导的高度认可，于是领导试着安排他带一名徒弟。

洪荣渲深知带徒弟一事关系到分公司的长远发展，意义重大。若带得好，分公司便会多一员干将；若稍有差池，便可能导致人员流失。

带着这份责任和压力，洪荣渲带着徒弟开始参与项目，从一个拆除重建的项目入手，该项目存在征地拆迁问题，与他早年做的市政项目类似，问题繁多，需要沟通协调的事项众多。起初，他的徒弟对这个项目很排斥，情绪低落，工作态度也不积极。洪荣渲看出问题症结后，就耐心地开导徒弟，将心比心地讲述自己的经历，竭尽全力地教导徒弟。终于，思想的关节打通了，徒弟便踏实下来，认真跟着他磨炼。

为了让徒弟快速成长，洪荣渲鼓励其撰写勘察报告。待徒弟写完后，洪荣渲从头到尾仔细修改，同时指出其中的问题。这个过程比洪荣渲自己撰写报告还要耗时费力，同事们对他这种倾尽全力带徒弟的方式很不解。但洪荣渲想的只是履行好肩负的责任，为分公司的发展贡献一份力量。很快，他的徒弟开了窍，工作态度越发认真负责，如今许多问题都能自行解决，也得到了甲方的高度评价。

正值青春的洪荣渲,用奋斗书写着属于他的青春画卷,他将自己的青春和智慧毫无保留地奉献给了岩土勘察事业。洪荣渲的故事,不仅是他个人的奋斗历程,更是我们每个人学习的榜样。

用行动诠释奋斗与忠诚

——记正元地理信息集团股份有限公司武汉科岛公司孙近旗

清晨6点，晨曦微露，项目宿舍的楼道里，有一位身着灰蓝色工装、中等个子且略显消瘦的中年男子，手持记录本，在宿舍门口来回踱步，等待团队成员前来集合。这般场景数十年如一日。这个公司起得最早、睡得最晚的人，就是正元地理信息集团股份有限公司武汉科岛公司重庆工程部测量工程师孙近旗。

他是推动发展的"进步标兵"

作为70后的典型代表，孙近旗的血脉中奔涌着坚韧不拔的力量。他学历不高，但凭借着良好的个人素养，始终坚定理想信念，扎根于党最需要的基层，默默耕耘、无私奉献，在岗位上发光发热。在公司20多年的一线奋斗历程中，他时刻铭记吃苦在前、享乐在后的准则，以脚踏实地的作为，彰显着一名共产党员的党性修养。

"能吃苦，勇担当"，这短短6个字，是同事们对他的一致评价。他的足迹遍布山城重庆的崇山峻岭之间，踏过无数沟壑，翻越无数险峰，只为精准地完成一次次测量任务。在荒凉的野外，他的身影尤为坚韧如松，与风雨同行，和星辰作伴，带领团队一路披荆斩棘，成功攻克了一道又一道难关。近年来，在他的带领下，重庆工程部圆满完成了大小项目40余个，其中不乏国家级重大工程任务。这些项目均一次性顺利通过验收，赢得了甲方的高度赞誉，为公司赢得荣誉、创造效益，成为公司发展历程中的闪亮勋章。

他是勤奋的"职场先锋"

2016年6月，一位泰国商人被涪陵江东御泉河得天独厚的自然风光吸引，毅然决定在此投资开发旅游项目。然而，项目规划设计的前期筹备工作却因缺少一份精准的测绘图纸而陷入僵局。彼时，正值梅雨季节，细密的雨丝将山城浸染得泥泞不堪，这对测绘人员是一场极为严峻的挑战。在艰苦的环境面前，孙近旗这位平日里内敛少言却满怀责任感的测量人未有丝毫犹豫，挺身而出、主动请缨，挑起这副重担。他知道此次测量任务不仅是他个人的一个项目，更与当地经济发展的大局紧密相连。他和同事们身穿雨衣、脚蹬雨靴，踏入冰冷刺骨的连绵阴雨中，每迈出一步都需格外谨慎，稍有不慎就可能滑倒受伤。但孙近旗的步伐异常坚定，他的眼前仿佛已经浮现出江东旅游业未来蓬勃发展的美好景象。他一手拿着测量设备，一手扶着路旁的树木，时而俯身、时而下蹲，全神贯注地为御泉河的地形地貌进行精细"CT"扫描。他的操作娴熟流畅、精准无误，每一个数据都被他准确记录、每一处细节都逃不过他的"火眼金睛"。他知道，任何一个细微失误，都可能给测绘结果带来严重偏差。

一连5天，那不停歇的阴雨，逐渐消磨着孙近旗的体力，每天长时间在雨中坚守，泥水不断灌入雨靴，脚底磨起了水泡，每走一步都刺痛钻心。即便如此，他未曾有过丝毫退缩，始终如一地坚守在一线。"唯有坚持，才能完成任务，才能为当地经济发展贡献一份力量。"关键时刻，他顶住压力；紧急关头，他冲锋在前。他的坚毅和执着如同一股强大的精神力量，深深感染着身边每一个人。在他的带领下，团队人员齐心协力、并肩奋战，攻克重重困难，提前圆满完成任务，为当地招商引资和经济发展提供了关键的数据支撑，赢得了涪陵交旅集团高度称赞。

他是践行使命的"拼命三郎"

2022年10月，深秋的凉意已笼罩大地，渝万高铁征地分户测量项目却未能迎来完工的喜悦。彼时，重庆市区实施了新冠疫情以来规模最大的一次封控，近20天的管控，令紧张的工作戛然而止，项目进度一拖再拖，而时间却像沙漏中的沙子，匆匆流逝不等人。

身为项目总工程师的孙近旗内心焦急万分。他深知，该项目对渝万高铁整体建设举足轻重，倘若无法按时完成测量工作，将影响整个工程的推进进度，甚至可能给国家造成重大经济损失。时间紧迫、不容等待，孙近旗迅速行动起来，主动与铁路施工方取得联系，深入了解最新的新冠疫情动态和防控政策，一方面为后续复工复产精心筹备，另一方面极力向施工方阐明推进当前施工段的重要性，详细阐述此次测量任务对于铁路建设全局的关键意义，让施工方深刻认识到形势的紧迫、任务的艰巨。为获得政府部门的支持，他认真撰写申请报告，详尽说明施工计划、疫情防控措施及安全保障方案。经过不懈努力，最终成功获得政府部门许可，在确保疫情防控万无一失、工人安全有保障的前提下，复工开展作业。

在孙近旗内心深处始终坚守着"功成不必在我"的信念和"舍我其谁"的担当精神，他用实际行动为这一信仰写下生动注脚。那段日子里，孙近旗带领"小分队"披星戴月、早出晚归，每天工作超过12个小时，争分夺秒抢抓进度。"穿好防护服，戴口罩和护目镜，做好消杀，准备出发"成了孙近旗每天带队出门前的固定叮嘱。工作期间，他牢牢把控疫情防控关键环节，时刻提醒员工保持安全距离，督促大家勤洗手、勤消毒。"既要保障项目顺利推进，更要守护员工的健康安全。"这句话如同警钟，在他心中每天敲响百遍。历经16个昼夜的艰苦鏖战，在重庆解封后的首周，孙近旗的"小分队"顺利完成了测量

因平凡而伟大
——冶金地质优秀技术工人奋进实录

任务，达成了人员零感染、工期零延误的优秀战绩，他也因此被称为"拼命三郎"。当他将那份翔实精准的测量报告递交后，甲方对他们的专业素养和奉献精神表达了由衷的钦佩和感谢。

如今，渝万高铁宛如一条钢铁巨龙，穿梭于巴山渝水之间，紧密连接起重庆和万州两座城市，为两地民众的出行铺就便捷道路。每当孙近旗途经渝万高铁线路，望见那一座座巍峨耸立的高铁柱梁，眼眶总会不自觉地湿润，那些与团队人员并肩拼搏的日子，仿佛就在昨天，清晰浮现眼前。

作为项目负责人，孙近旗肩负着守护团队人员安全健康和保障项目顺利推进的双重责任。他带领团队提前复工的那份果敢担当，淋漓尽致地诠释了一名共产党员的责任和奉献。他和他的团队每一次勇往向前、每一份艰辛付出，都以早日竣工、早日惠及社会、早日造福民众为追求，以心中理想为指引，用实干来践行"正元让城市更美好"的职责使命。

从"四川娃"到"拼命三郎"
——记中国冶金地质总局三局山西冶金岩土工程勘察有限公司李永刚

一边是高山层叠，一边是低丘绵延；

一边是花叶葳蕤，一边是草疏林稀；

一边是气候湿润、风景宜人，一边是日残风烈、黄沙千里；

一边是山清水秀的四川，一边是游牧之地的内蒙古；

是谁将这遥距两千千米的两地联系在一起？

是他——李永刚。一个坚韧不拔的"四川娃"，一个顶天立地的"拼命三郎"。

岁月匆匆，56岁的李永刚已在中国冶金地质总局三局山西冶金岩土工程勘察有限公司第四分公司拼搏半生，从四川到内蒙古，他将心血和汗水倾洒在这片奋斗的土地上。

为梦想　闯过三关

2019年，年已半百的李永刚担任分公司内蒙古区域总指挥，开启了人生新征程，迎接重重挑战。赴内蒙古工作，需闯过三道难关：身

因平凡而伟大
——冶金地质优秀技术工人奋进实录

体关、生活关和情感关。

首当其冲的是身体关。李永刚身患高血压、腰椎间盘突出、低血糖等多种慢性病，每天需服用近15片药维持身体机能，即便这样，他依旧以钢铁般的意志坚守在高强度工作一线，人送外号"拼命三郎"。加班熬夜、劳累过度时，他连行走都困难，却从未有过退缩。那年盛夏，珠江集团内蒙古某选煤厂项目正在如火如荼推进，受施工场地限制，各类机械交叉作业，李永刚策划成孔灌注交叉施工方案，先成一部分孔，再浇筑一部分孔。午后3时，一场暴雨突袭，项目部顿时乱了阵脚。若不及时灌注，孔壁必将坍塌，钢筋笼会被深埋，如果引发严重质量事故，不仅要设计院变更设计、重新成孔灌注，耽误工期，还会造成巨额经济损失，给甲方和单位带来灾难。来不及多想，李永刚直奔现场指挥，项目部人员全力配合，在倾盆大雨中完成全部灌注。而他经过数小时风雨侵袭，次日便发起高烧。事后，甲方召开专题例会，通报表扬李永刚，他却淡淡地说了句："已经打成的孔，哪能眼睁睁地看着塌了！"正是这般认真负责，赢得了甲方信赖，后续工程得以顺利承接。李永刚满腔热血，主动承担项目中最艰巨、最紧迫的任务。他日夜扎根工地，吃住在现场，严把每道工序，确保项目完美收官。

第二关是生活关，同样考验重重。内蒙古项目部地处丘陵地带，生活物资匮乏，采购需赶赴三四十千米外的县城，交通极为不便。加之工期紧、任务重，项目部成员常常整月难见绿叶蔬菜，生活艰苦，但李永刚总是以身作则，通宵达旦坚守一线，毫无怨言。

第三关就是情感关，更是一道揪心的坎。李永刚野外一线工作30余年，回家次数寥寥无几。年迈的母亲需人照料，家庭重担全压在妻子肩头，愧疚之情溢于言表。但他深知，千里之外的荒野，有更崇高的使命召唤，他将深情付给热爱的事业。

为事业　肝胆相照

身为内蒙古项目总指挥，李永刚角色多变，尽显担当。

他是雷厉风行的领导者，严格落实工程制度，令出必行。内蒙古项目众多，时常多个项目同步施工，人员调配、机具安排、材料采购、进度把控、风险管控，千头万绪，令他殚精竭虑。为充分发挥人员、设备效能，他常组织项目人员开"诸葛会"，深入研讨、科学规划、统一调度，激发出每个人、每台设备的最大储能，确保各项目保质保量、按时完工，在期限内顺利完成所有工程。

他也是和蔼可亲的引路人，言传身教、孜孜不倦。项目上的年轻人朝气蓬勃、知识丰富，但缺乏岁月沉淀的经验和实践积累的阅历。李永刚这位野外工龄超30年的老将、身经百战的先锋，常常将年轻人带在身边，观察做事方法，剖析处事手段，点明不足，将积累的宝贵经验倾囊相授。生活中关怀备至，工作上悉心指导，精神上积极引领，成绩上不吝夸赞，为单位培养了很多吃苦耐劳、业务精湛的青年

因平凡而伟大
——冶金地质优秀技术工人奋进实录

骨干。

他更是肝胆相照的朋友,推心置腹、情谊深厚。项目施工过程中,常遇征占地、补偿难题,甲方与村民协商不畅,严重阻碍进度。李永刚主动与村委会沟通,逐户走访村民,唠家常、解困难,以真诚换真心,村民逐渐理解项目意义,化解堵路等施工阻碍。甲方、监理、分包等各方人员都与真诚厚道的他结下了深厚友谊,融洽的关系助力项目稳步推进。

数年拼搏,内蒙古地区项目规模持续壮大。面对出色的成绩,李永刚谦逊依旧,将荣誉归于公司领导的高瞻远瞩、部门的支持和项目部员工的全力协作。对自身,他说:"我以后要吸取经验、拓宽视野、坚定信心,理顺经营思路,强化专业和项目管理知识学习,提升沟通、谈判和工程预算能力,为内蒙古地区基建全力以赴。"

守得了荒漠,也咽得下风沙;

耐得了寂寞,也放得下牵挂;

担得了期待,也经得住雨打;

扛得了重担,也舍得下荣华。

这位土生土长的四川汉子,仍在续写着"拼命三郎"的传奇故事。

"老顽童"的勘察人生
——记中国冶金地质总局二局福建岩土工程勘察研究院有限公司邱智雄

转眼间,邱智雄已到了快退休的年纪。站在工地前,他的眼中饱含深情……

他说:"我只是一名从事野外钻探的地质工作者,后来又转做勘察、施工类项目。工作虽然辛苦,但自毕业后我从未想过要改变工作性质。"

邱智雄中等个子,微瘦,戴着一副眼镜,他细声慢语中透出的朴实与从事30多年地质钻探、勘察工程的技术员形象十分相符。初见他的人,很难将天性纯真、爱搞恶作剧的周伯通形象与他联系起来,但他确实有着周伯通般的性格,是大家眼中的"老顽童"。

苦中作乐的"老顽童"

与邱智雄同一办公室10年之久的90后小伙子称他为"老邱"。从这位小伙子口中了解邱智雄,他几乎都是欢笑着讲述"老邱"的故事,笑得真诚而发自内心,感染力十足,俨然一个"小顽童"。身处艰苦的行业和工作环境，还能苦中作乐是种能力，笑对人生更是种心境，而邱智雄做到了。

小伙子说，他与"老邱"一起配合过多个项目，如江门世茂、佛山、深汕合作区等项目。那是夏季，天气酷热，可"老邱"对每一项工作都很有耐心，手把手地教他。当时交通不便，一天内两人常要同时去多个勘察项目，在勘察现场钻机钻探时，还得在各台钻机间奔走，收集数据并做好记录。小伙子作为新人，技术不够成熟，为了加快进度，"老邱"跑得更多。

在那样的高温下，即便不动也会全身汗湿，何况一天不停地奔波，"老邱"的衣服更是湿透了。大家都在换衣服，他却搞起乐子，把脱下来的衣服在大家眼前一晃，快速一拧，说："你们看，这就是'人工降雨'"，逗得大家哈哈大笑，仿佛瞬间凉爽了许多。

小伙子还说"老邱"很"皮"，比如晚上赶材料时，大家正专注忙碌，"老邱"会像顽皮的孩子一样突然"捣乱"，让大家肾上腺素激增，疲劳感瞬间消失。小伙子说，大家都喜欢和"老邱"一起工作，跟着他做项目，半夜睡觉凌晨起床，一天睡几个小时是常事，但没人喊累。相处久了，大家有时也会"捣乱"他一下，开心过后又继续工作。

初心不改的"老顽童"

人们常说"生活虐我千百遍，我待生活如初恋"。用这句话来形容"老邱"对工作的态度再贴切不过了。

这份工作，他始终坚持，没有响亮的口号，也没有铮铮的誓言，唯有持之以恒的坚持。曾经，住在偏僻的矿山上，他害怕过；坐在从工地返回驻地的摩托车上,他累到睡着过;被时代洪流推向市场自己找项目时,他迷茫过……风卷残云、大浪淘沙之后,和他一起毕业来此的二十几个人,如今只剩他一人,其他人都转行离开了。当被问及最苦最难时的想法,作为老党员的邱智雄淡定地说:"该怎么做就怎么做。"

1991年,邱智雄从长春冶金工业高等专科学校毕业,来到总局福建岩土工程勘察研究院有限公司泉州分公司(现在公司名称已几经变更),做了两三年地质钻探后,他开始转做施工,从打水井起步。他印象中最累的第一个大项目是莆田大利城的项目,技术人员不仅要负责管理、协调、调度等工作,还要和工人一起干力气活,倒水泥、做试块、测孔深,到晚上内业时累得笔都拿不动了,就这样最终顺利完成了项目。厦门文馨园桩基工程项目,他担任项目经理兼技术负责人,因工期紧张,必须没日没夜地干,每天半夜睡,凌晨4点多就得起来,基本上只能睡三四个小时,眼睛熬得通红,就这样苦干3个多月,项目准时完工。

有心的同事发现,为了做好这个项目,他3个月没回家,而他家就在泉州,距离很近。

还有一个桩基补强项目,包含冲孔桩、钢管桩、锚杆桩。项目地理位置极差,且工期紧,需同时进场2台冲孔桩桩基、5台百米钻机、1台吊车及其他相关设备,施工期又值台风季节,给施工带来极大难度。邱智雄带领项目组迅速制定了施工方案和应急预案。最终,项目在施工期间,无论是现场技术人员还是施工班组,在超负荷工作的情况下,没有一个人退缩,不同工种、工序间协同合作、高效沟通,项目保质保量如期完成。

在邱智雄的职业生涯中,他主持并完成了数百项大型房建及公路勘察项目。执行项目时，他始终坚守一线，严把质量关，其努力得到了行业的充分认可。2009年，他参与的泉州市海峡体育馆项目荣获"泉州市优秀工程勘察二等奖"。2020年，他负责的碧桂园·浪琴湾项目获公司"优秀工程勘察设计三等奖"。

敬业乐业的"老顽童"

"字写得好，做事严谨细心，每天早上几乎第一个到单位上班……"这是大家对邱智雄的普遍共识。正因如此，他在每个项目中都保持着极大的耐心和细心，内业、外业的同事们都很爱和他一起做事。

另一位小伙子说，他与邱智雄合作安溪百福豪城、上海六院人民医院等项目。其中上海六院人民医院项目任务艰巨，现场作业面条件差，"老邱"把现场管理得井井有条，按建设单位工期保质保量完成了任务。当时现场需24小时驻守验桩，因详勘是他俩完成的，建设单位只认可他们负责现场，原本两人各负责12小时验桩，但有时小伙子因其他事无法到现场，"老邱"就一人坚守，毫无怨言。小伙子说，"老邱"在他心里种下了一颗力量的种子。

更让小伙子敬佩的是，邱智雄不仅能干，施工过程中几乎每天都在现场协调解决生产问题，晚上还常加班到深夜，并且很乐意分享经验。和"老邱"合作项目，不仅轻松还能有很大进步，比如"老邱"负责的工程，内业资料及时归档，不留尾巴，报表字迹清楚、数据准确。他觉得"老邱"对项目的态度既有"慈父"般的可爱，又有"严父"般的责任。

2024年，快退休的邱智雄依旧负责多个项目，还和年轻人一样坚守工地一线，不推诿、不计较。用他的话说："年轻的时候是这样，现在老了依然是这样。"

在勘察战线的平凡岗位上，邱智雄如一股不老泉，为身边的勘察工作者树立了敬业的好榜样。"老顽童"的精神品格正激励着更多年轻后辈敬业、守业、爱业、乐业。

岁月不居，时节如流。纵使历尽千帆，邱智雄仍纯真如初。

平凡岗位的不凡人生

——记正元国际矿业有限公司阿勒泰公司辛浩

在正元国际矿业有限公司阿勒泰公司，有一位看似平凡却又不平凡的技术工人，他便是调度员辛浩。岗位虽然普通，但他的工作却关乎整个公司的顺畅运转。身为调度员，需时刻紧盯井下六大安全避险系统的运行状况，以确保系统正常运行。清晨，当第一缕阳光尚未完全驱散夜的寂静，许多人还在梦乡之中，辛浩便已踏上前往公司的路途，迎着晨曦，迈着轻快的步伐，他总是第一个到达工作岗位。

"好班长"与"调度员"

辛浩出身消防员，初到阿勒泰公司时，担任门卫班长一职，肩负着检查进出矿区车辆人员的重要使命。他工作细致入微，每天早晨都提前到岗，寒来暑往、风雨无阻，始终坚守职责。夜幕降临，其他同事纷纷下班，他却仍旧坚守岗位，总是最后一个离开。

辛浩热情且专注，积极踊跃地参加公司组织的各项活动、各类应急演练和安全培训，以极高的热情和专注度全身心投入其中，还鼓励带动其他同事一同参与。他深知通过参与这些活动，能够不断提升自身的业务素质和应对突发事件的能力。在一次火灾应急演练中，辛浩主动请缨担任演练指挥，认真钻研演练方案和详细的行动计划。演练过程中，他指挥有方，迅速且有效地组织人员疏散，保障了演练的顺利进行。其出色表现赢得了公司领导的赞扬和同事们的敬佩。

身为班长，辛浩时刻铭记自身责任。他深知唯有提升整个团队的能力，才能更好地守护公司安全。因此，他积极开展门卫内部培训，利用每天交接班时间，组织班前班后会，传达公司要求，安排当日工作。他耐心地为队员们答疑解惑，帮助他们提升技能。他的付出得到了同事们的认可和尊重，团队业务素质显著提升，他也因此成为队员们心中的楷模。

2023年，因组织调整，辛浩的岗位发生变动，成为公司的调度员。面对全新的调度系统和复杂的矿区情况，他感到了前所未有的压力。但他坚信，每份工作都有独特价值和意义，秉持着干一行爱一行钻一行的态度，他开始刻苦钻研调度知识和技能，虚心向同事请教，迅速掌握了调度工作的要领。他通过深入探究矿区运行规律，提出诸多优化建议，如优化运输路线、调整作业时间等，使矿区作业效率得以提高，节约了资源。

调度员的工作繁重且压力巨大，需随时应对各类突发状况。每一次调度都与公司的安全生产和每个家庭的幸福息息相关。他密切关注各个生产环节的工作进度，确保生产流程顺畅无阻。遇到问题时，他总能准确迅速进行分析，并快速制定解决方案，确保公司生产运行不受影响。面对困难，辛浩从不退缩，总是迎难而上。有一次，矿区遭遇严重水灾，交通中断，矿工们被困矿井。辛浩第一时间组织救援队伍，制订救援计划，并带队赶赴现场救援。在恶劣的条件下，他带领救援队伍克服重重困难，成功解救被困矿工，避免了重大人员伤亡。

还有一次，矿区发生严重设备故障，致使生产线停运。面对这一突发情况，辛浩迅速剖析问题，制定解决方案，协调各部门，组织抢修队伍，并在现场指导，最终成功恢复了生产线的运行。他的果断行动和出色的应急处置能力，令公司领导和同事们赞叹不已。

"老大哥"与"贴心人"

在生活中，辛浩宛如一位老大哥，悉心关怀照顾着大家。

担任门卫班长时，辛浩深知作为带头人，只有耐心细致地对待同事，让大家信服，才能做好管理工作。他始终保持着平和心态，常利用交接班或休息时间，和班上队员促膝谈心、拉家常，了解他们的内心想法和家中困难。他总是认真倾听队员的心声，给予他们鼓励和支持。有一次，一位队员因家庭原因情绪低落，辛浩得知后主动与他交流，倾听烦恼，并给予鼓励支持，帮助他解开了心结。在辛浩的开导下，这名队员逐渐恢复往日活力，满怀信心地投入到工作中。辛浩常说："大事小事认真做，重复的事情快乐做。"他一直身体力行地践行着这一准则。

在调度员的岗位上，辛浩更是同事们心中的"贴心人"。他常说："工作是生活的一部分，只有关心同事，才能让大家更好地投入工作。"无论是工作上的难题还是生活中的困扰，辛浩总乐于倾听。他关心同事们的身心健康，经常与同事交流，了解他们的需求和困难，敏锐地察觉问题,并竭尽所能帮助他们解决生活中的难题。矿山距县城18千米,多数员工住在县城,因"三班倒"的特殊工作时间,上下班通勤问题一直困扰着大家。辛浩便自发组织有车的同事建立"拼车群",免费为乘车不便的同事提供顺风车。

"先进工作者"与"家庭支柱"

辛浩的勤勉与积极,同事们有目共睹,领导也铭记于心。他多次荣获"先进工作者"称号。这些荣誉对他而言,既是鼓励,更是责任。他始终坚信,一个人的价值体现在为社会、为公司所作的贡献之中。在工作之余,辛浩努力扮演好三个角色。

作为儿子。辛浩深知唯有真心孝顺父母,才能传承良好家风。母亲患有尿毒症,常年卧病在床。下班后,当其他人都忙于自身兴趣爱

好时，辛浩总是匆忙赶回家中照顾母亲。他的孝顺之举，街坊邻居都看在眼里，传为佳话。

作为丈夫。辛浩深知家庭的重要性，他清楚自己的工作离不开家庭的理解和支持。他格外注重生活细节，总是主动与妻子分享生活中的喜怒哀乐，聊家长里短，用心倾听妻子的心声，尽力为她提供情绪价值。在妻子眼中，辛浩是坚实的依靠，是风雨中让她安心的港湾。

作为父亲。在家庭中，辛浩是一位慈爱负责的父亲。他教育子女要有责任心、有担当，要做正直的人，成为对社会有用的人，要为自己的梦想努力拼搏。

辛浩的故事平凡，却让我们看到了平凡岗位上的不平凡。他的坚守与付出，不仅为自己赢得了尊重，更为众人树立了学习的榜样。正所谓"有志者事竟成"，只要用心付出，都能在平凡中铸就非凡。

西天山上盛开的"雪莲花"

——记中国冶金地质总局中南地质调查院张翠

雪莲花，生长于海拔数千米冰峰雪岭间的奇花，傲雪凌霜，坚毅生长。有一名平凡的技术员，也被同事们亲昵地称作"雪莲花"，她就是张翠，长期扎根于中国冶金地质总局中南地质调查院新疆固定项目部，年复一年用双脚丈量着西天山山脉，恰似西天山上那朵雪莲花，顽强拼搏、绚烂夺目。

主动请缨　巾帼不让须眉

2012年7月，张翠毕业于新疆大学，随后加入原中南院新疆分院（新疆分院于2015年6月撤销，后改为新疆固定项目部）。她很快就胜任了办公室综合管理工作，过上了很多女生向往的安逸生活。然而，张翠有自己的梦想——为国家探寻矿产资源。她说："从事管理工作，仿佛置身后方战场，总感觉有劲使不出来，不够畅快。"于是，她主动请缨，奔赴生产一线历练，一头扎进哈勒尕提铁铜多金属矿详查项目，成为地质队中少有的女性队员。

哈勒尕提地处西天山腹地，前往矿区需翻越数座达坂，海拔最高

因平凡而伟大
——冶金地质优秀技术工人奋进实录

达4300米，常年积雪覆盖。在新疆长大的张翠，初次目睹了雪莲花，那壮丽景色令她沉醉其中。可美景背后，工作条件却极为艰苦。项目部驻扎在山谷，附近一条蜿蜒而下的河流，便是生产生活用水的唯一来源。简易的板房寒气透骨，清晨一觉醒来，头发上都会挂着冰凌。面对这般艰苦，别说在此工作，很多女生可能连涉足的勇气都没有，张翠却如西天山上的雪莲花般傲然挺立、绽放光华。每天清晨，她早早起身，裹上厚厚的工作服，奔赴钻探机台进行野外地质编录。七八月的西天山，演绎着"早穿棉袄午穿纱"的奇特季节更迭，极端天气对人体是极大的考验。初来乍到，身体一时难以适应，连续高强度野外踏勘十多天后，她在寒热交替的侵袭下病倒了，头晕目眩、高烧不退、呕吐不止、食不知味、夜难安寝。领导劝她回去调养，她却说："我是共产党员，又是新来的技术员，很多知识等着我去学习，能上西天山，我费尽口舌才说服家人，既然来了，就必须完成任务，与大家一起找矿报国。"她就是这般倔强的姑娘，大家笑称她为"女汉子"。但再坚强的"女汉子"也是父母的心头肉，也会想家。可在这"与世隔绝"的项目部，通信成了奢望。想要打电话，需徒步攀爬2个小时山路，抵达山顶才能搜索到信号。实在思念家人时，张翠便趁着工作之余，与几个同事结伴爬上山顶，向家人倾诉思念、报声平安。她经常三四个月才给家里打一次电话，并非山路崎岖，也不是畏惧爬山辛苦，而是她要争分夺秒刻苦学习、提升自我，为心中的理想积聚能量。

巾帼不让须眉！男同事们由衷地敬佩这位看似柔弱的女子。刚来项目部时，大家还打赌：她肯定坚持不了一周！没想到，野外踏勘、编录、采样，张翠样样精通，与男同事一同背岩心、啃干粮、饮雪水，从不叫苦喊累。凭借这股拼搏劲儿，张翠迅速成长，很快就独当一面。她的野外编录翔实专业，同时她勤奋钻研各类规范，查阅大量地质资料和成果报告，为项目报告编写、评审备案及资料汇交奠定坚实基础。由她参与编制的报告顺利通过汇交评审，还在新疆"358"地质找矿优秀成果评选中荣获三等奖。

百转迂回　勇往直前

新疆地域广袤，约占全国陆地总面积的1/6，交通出行难是出了名的。彼时，张翠肩负起在疆矿权管理重任。矿权维护工作要求频繁前往矿权所在州、县、村镇相关部门沟通协商、签署意见。即便前往离乌鲁木齐最近的精河县，往返一趟最快也需8个小时，交通成了矿权延续工作的棘手难题。依照新疆相关规定，矿权延续的相关意见须经县、州办公会讨论。为了不错过上会时间，张翠常常驻守当地，逐个与各部门沟通协调，力求尽快拿到会签意见。刚成为母亲不久的她，只能将襁褓中的孩子托付给老人，时常披星戴月出门，深夜搭乘末班车回家，奔波于各州县，一出差便是好多天。最长的一次出差近1个月，孩子见到风尘仆仆的她，竟一时没反应过来，足足愣了1分钟才认出妈妈，随后号啕大哭。张翠紧紧抱着孩子，泪水如决堤之水，奔涌而出。时至今日，回想起那一幕，她仍会鼻头泛酸。但她同样深感自豪："现在，孩子眼中，我是自立自强、勇敢追梦的好妈妈，孩子以我为傲。"

在张翠的人生字典里，从无"不行"二字。有一次，张翠为了某矿权延续，先乘坐火车赶赴伊犁州，再换乘线路车前往尼勒克县，最后从县里搭乘乡村巴士前往乡镇签署意见。那时动车还未开通，高速公路也没竣工。寒风呼啸中，她费尽周折挤上前往尼勒克县的公交车。抵达尼勒克县后，她又马不停蹄地坐上由面包车改装的乡村巴士，没有座位，只能蜷缩在小马扎上，一路辗转颠簸近14个小时，才终于抵达目的地。正当她满心想着可以办完手续的时候，才惊讶地发现没有银行收费窗口，不能转账，只接收现金，更糟糕的是乡镇没有银行。眼看一天时间过了一大半，她没有一刻抱怨与停留，完全忘记了十几个小时的长途劳累，快速飞奔到车站，挤上返回县城的最近一趟乡村巴士……到了县城取完钱，又马不停蹄地再次挤上乡村巴士赶回镇上，终于在下班前办完了所有事项，拿到盖章的资料。连轴转了将近20个小时的她望着那映红天边的晚霞，露出了开心灿烂的笑脸。

主动跟进流程进展，积极与相关部门沟通对接，张翠一直在路上。两年间，她跑遍了新疆各地市州县镇，为单位恢复矿权11处，完成2处重点矿权转让变更，实现1处转让收益近2亿元，为国有资产保值增值立下了汗马功劳，得到上级嘉奖。

坚韧顽强　绽放光华

之后，除了探矿权管理和办公室日常事务，张翠又扛起了在疆野外项目生产协调的重担，她宛如一条上足发条的"齿轮"，带动中南院与项目部的协同运转，打通从湖北到新疆固定项目部的"最后一公里"。工作虽有变动，初心始终如一。项目出队前，张翠有条不紊地落实项目报批、物资采购、车辆检修及购买保险等诸多事宜；出队时，她忙着招聘厨师、辅助工，办理人员证件、打通物资配送渠道；收队后，她还要负责项目样品送检、资料整理、报告编制和汇交等工作。

2022年，张翠因核酸异常被单独隔离，一方面她无法回家照料家人孩子，另一方面项目外业仍在稳步推进，她只能开启"线上办公"模式。通过电话、微信等各种方式向所在地报备沟通，全力攻克施工队伍和保供物资进场难、交通运输工具短缺、成果报告提交时间紧等重重难关，想尽办法推进生产进度。最终，在张翠和新疆固定项目部成员的齐心协力下，所有项目野外工作均保质保量圆满完成。

凭借出色的业绩和优良的作风，张翠先后荣获"湖北省女职工建功立业标兵"和中南地质调查院"优秀共产党员"等称号。

"提供资源保障，实现产业报国"，这是镌刻在张翠灵魂深处的使命。她秉持初心，战天斗地，让青春绽放耀眼光华，用坚韧和顽强书写新时代地质人的使命担当，绽放出青春最绚丽的光彩！

做守护安全生产的"螺丝钉"

——记中国冶金地质总局西北局岩土工程有限公司张伟

张伟，是中国冶金地质总局西北局岩土工程有限公司的专职安全员。从业多年，他始终将"安全第一、预防为主、综合治理"的方针铭刻于心，秉持"安全无小事"的原则，一丝不苟地落实公司安全生产"标准化管理"体系要求，兢兢业业坚守本职，做到了项目"零事故"的佳绩，荣获西北局授予的"2022年度先进工作者"称号。

细心严格抓安全

2022年，张伟先后参与了重庆某边坡治理项目、西安市高新区某快速通道支护桩工程项目、北大附小某分校改扩建项目等多个高风险项目，这些项目均涉及高边坡和深基坑的作业。身为安全管理员，他心中笃定：杜绝一切安全隐患，这不仅是职责所在，更是神圣使命。项目施工过程中，张伟将安全生产管理放在首位，人员管理、班组安全教育和现场安全巡检，每个环节都严格把关。针对潜在事故，提前筹备应急方案，发现问题及时整改并记录在案。在施工现场，他及时组织各施工班组开展项目部管理人员三级安全教育、每周安全例会，定期进行现场监督和日常巡检，对违章作业行为果断制止、当场纠正。对于重点监控区域的薄弱环节，他更是严防死守，切实做到发现安全隐患第一时间处理，发现重大隐患及时上报，将威胁安全生产的隐患扼杀于萌芽。

不仅如此，张伟对生活区的检查也毫不松懈，每天不定期排查电气线路等隐患，全力防范电气火灾和触电事故。他在日常工作中严谨细致，严格遵守安全标准，全方位提升施工人员安全意识，从根源上杜绝了事故发生。

点点滴滴助安全

2022年春节刚过，公司承接了青海某大学校园建设项目，作为青海省的重点建设项目，要求各单位安全员全程驻场监督。张伟开启了加班加点的日常，当时西宁气温多在零下20摄氏度左右，天还未亮，他已奔赴现场，组织施工人员召开班前安全会。日常监督中他多次纠正违章行为。如在挤密桩施工时，他发现钻机成孔后忘记在孔口周围搭设护栏，一旦发生坠落，后果不堪设想，他当即督促施工人员立即做好相应防护，直至隐患消除。

同年，公司负责的北大附小某分校改扩建项目是地区相关部门重点督办项目。入场前，张伟便着手三级安全教育培训工作，考核合格后才可入场，对进入现场的机械设备要提前进行三方报备，每周组织对进场机械设备进行安全检查。开工后，张伟就投入紧张的工作，从开工的各项检查，到各个部门提出的安全管理要求，无一遗漏。施工期间，在吊车安全检查中，张伟两次发现吊车吊绳断股起毛情况，存在较大安全隐患,他果断叫停,并且监督隐患整改到位后才允许继续作业。

爱岗敬业保安全

多年深耕项目安全管理工作,张伟将爱岗敬业、吃苦耐劳的精神展现得淋漓尽致,时刻提醒自己肩负的责任和重担,深知任何一起事故对企业都是一种不可挽回的损失,对家庭、个人更是一种无法弥补的伤痛。他在工作中时刻紧绷安全这根弦,不断提醒自己,一定要把安全管理工作落到实处。

面对工序复杂、风险点密集的高边坡、深基坑项目的施工,张伟

逐一排查，锁定安全隐患关键，建立重大危险源台账，特别是针对危险性大的区域进行重点安全管理，架设安全防护围栏，设置安全警示标牌，加强大现场施工巡查力度，杜绝未佩戴安全防护用品的人员高空作业，发现违章行为第一时间纠正，发现安全隐患及时督促即刻整改，为施工人员的生命安全构筑了一张严密的"防护网"。

张伟以敬业之姿、吃苦之姿，忠实履行安全职责。宛如一颗扎根安全生产一线的"螺丝钉"，牢牢钉在施工现场。多年来，他参与建设的项目安全事故零发生，这无疑是对他辛勤付出的最好褒奖。

在张伟心中，成绩既源于自身拼搏，更得益于公司对安全生产的高度重视和严格要求。置身其中，他一心做好本职工作，严谨落实安全规范，如螺丝钉般始终拧紧拧牢，为公司长远发展注入"螺丝钉"的力量。

攻坚克难　平常却平凡中见非凡
——记中国冶金地质总局地球物理勘查院城市治理分公司张有忠

"世间有朵美丽的花，那是青春吐芳华"，此花名为绒花，朴实无华，却能在不经意间绽放出美丽。中国冶金地质总局地球物理勘查院城市治理分公司的张有忠，恰似绒花一般，三十年如一日，扎根于地理信息和管线探测工作一线。在单位条件艰苦的外业工程中，他总是主动请缨、冲锋在前，凡事从大局出发，时刻为他人着想，从不计较个人名利得失，默默奉献，以实际行动诠释着爱岗敬业、甘于奉献的精神。

干哪行爱哪行

张有忠常说："如果我在与不在都一样，那还要我干啥。"凭借多年地下管道探测的丰富经验和深厚专业底蕴，在项目实施过程中，他总能展现出稳健的应变能力和超凡的技术实力。

2023年盛夏，一个酷热的日子，张有忠接到富阳华润燃气有限公司的紧急任务。公司告知项目组，市区一老旧社区的燃气管道疑似泄漏，严重威胁居民生命安全。张有忠听闻后主动申请前往现场。为迅速定位泄漏点、保障居民安全，他立即带领团队成员，携带专业的燃气声波探测设备火速抵达。

到达现场后，张有忠迅速组织团队布置并调试设备，他手持探测仪，目光锐利地仔细搜索每个角落。他始终保持高度警觉，不敢有丝毫懈怠，深知稍有疏忽就可能酿成严重后果。他时刻在心中默念："保持冷静，务必确保定位精准。"逐一排查疑似泄漏点，不放过任何线索。

终于，在一处井盖附近，仪器发出强烈警报。张有忠小心翼翼地掀起井盖，一股刺鼻气味扑面而来。他意识到此处可能是泄漏源头，他们随即运用先进的声波探测技术逐段检查管道，最终发现一处管道疑似泄漏。锁定泄漏位置后，立即通知甲方工程部门紧急修复，确保了安全。

看着污秽的双手和湿淋淋的上衣，他笑了笑说："作为一名技术人员，就是要不怕危险、不怕累，干哪行爱哪行嘛。"

保障安全是应尽职责

管道定位工作并非每次都像富阳项目一般顺利。由于老旧社区管道材质复杂、布局混乱，精确定位面临诸多挑战，在南京、浙江等地的项目都出现过各种各样问题。

面对复杂情况，张有忠从不气馁，总是凭借深厚的专业技能和丰富的工作经验与团队共同探索新的探测方法和技术手段，不断调整设备参数、优化探测方案，最终精准找到泄漏点。

每次确认泄漏点并妥善处理后，张有忠悬着的心才会放下。看着忙碌的工程人员，他深感欣慰。每次任务都让他深刻认识到自身工作的重要性，他深知每次探测都关乎千家万户的安全与幸福，自己和团队的努力为居民生命财产安全提供了坚实保障。若不能迅速确定泄漏点，稍有不慎就有可能发生爆炸，后果不堪设想。当一位居民向他表达感激之情时，他微笑着回应："保护老百姓的安全，是我们应尽的职责。"

除日常探测工作外，张有忠还善于学习钻研。他利用闲暇时间关注行业最新技术方法，不断学习掌握新的探测技术，积极参与技术研究和创新，努力提升专业水平，希望推动地下管道探测技术进步，为城市燃气安全贡献更多力量。

心在一起是团队

张有忠十分注重团队合作和大局意识培养。性格平和的他与团队人员关系融洽，他常说："人在一起是聚会，心在一起是团队。"他经常与同事沟通交流，了解大家的思想动态，对年轻员工更是关爱有加，嘘寒问暖。闲暇时还会下厨为大家做可口饭菜，看着大家吃得开心，他也乐在其中。正是这种日常的温馨，造就了一个团结的集体。他常鼓励团队成员："只要我们齐心协力，就没有克服不了的困难。"

作为老员工，张有忠言传身教，发挥了良好的榜样模范作用。他重视团队建设和青年职工培养，常说："一个人的力量是有限的，只有整个团队强大起来，才能提高现场工作的质量和效率。"他定期组织团队培训、客户交流等活动，提升团队整体素质和技术能力，畅通与客户的沟通渠道。日常工作中，他注重严明工作纪律，强调现场安全管理。他深知管线探测工作的特殊性，总是强调工作前必须剖析风险点并制定预控措施，确保每项工作安全高效地完成。"张师傅最感染我们的，是他对工作的态度和敬业之心。"他的团队成员如此评价他。

坚持把简单的事做好就是不简单，把平凡的事做好就是不平凡。张有忠是个平凡的人，36年坚守平凡岗位，却因在平凡中获得众人一致认可而注定不平凡。他半生穿梭于管线间，查漏补缺，确保管线无泄漏，助力城市安全。他在平凡岗位上兢兢业业工作了36年，虽无惊世骇俗的丰功伟绩，却用辛勤汗水感染、教育着身边的人。他如绒花般默默无闻，老实本分地做好本职工作，以朴实乐观的心态面对生活，展现不平凡人生。

我的矿山我的家
——记正元国际矿业有限公司阿勒泰公司努尔加娜提·都肯别克

夜幕低垂，繁星闪烁，矿山上换班的钟声悠然地在清冷空气中荡漾开来。经过一天高强度劳作，工人们拖着疲惫的身躯缓缓走出黑暗的矿坑。而此时，卷扬机操作间内，一束柔和灯光倾洒而出，映射着哈萨克族姑娘努尔加娜提·都肯别克的笑脸，仿佛一道绚丽的光，成为工友们眼中最动人的风景。

努尔加娜提不施粉黛，美丽源自内心深处的纯净和坚韧。她面容清丽，眼神中透露出一种独特的坚定和温婉。整洁朴素的工装，衬出飒爽的英姿。她是正元国际矿业有限公司阿勒泰公司的"网红"卷扬机女工，这份名气不仅是因为她拥有美丽的容颜，更是因为她能力出众、待人亲厚。她宛如茫茫戈壁上一朵鲜艳的玫瑰，在平凡的岗位上，默默奉献着最美好的年华。

"辛勤寻求智慧的人，永不向困难低头"

在同事眼中，努尔加娜提是一位技术娴熟、勤勉好学的优秀技术工人。初入公司时，语言不通令她与同事们的交流困难重重，然而，努尔加娜提并未因此而气馁沮丧。她深知卷扬机的重要性，它承载的不仅是矿石的重量，更是工友们的生命安全。在她心中，任何一丝细微的疏忽，都极有可能带来无法挽回的惨痛后果。于是，她下定决心攻克语言难关，利用业余时间参加公司组织的通用语言培训班，每天坚持收听广播、观看电视《新闻联播》，持续不断地练习发音、揣摩语调。功夫不负有心人，她的汉语水平有了显著提升。但努尔加娜提并未就此满足，她不仅继续坚持勤奋学习，还主动在业余时间担当起助教一职，帮助矿区内其他少数民族同事书写汉字、练习普通话，久而久之，同事们都亲昵地称她为"努尔老师"。

语言障碍虽已跨越，可对新设备性能及操作技巧的熟练掌握，又成了横在她前进道路上的一座大山。但在强者眼中从无不可跨越的"火焰山"，她坚信哈萨克族祖辈流传下来的那句谚语："辛勤寻求智慧的人，永不向困难低头！"凭借着钢铁般的坚强毅力，她虚心向经验丰富的老师傅请教，认真学习他们的实战经验。同时，她自己也毫不懈怠，刻苦钻研新设备的运行原理和操作方法，在一次次实践操作中不断反思、总结，终于实现了对新设备全方位、深层次的了解和掌握，工作效率得到显著提高，设备故障率大幅度降低，单班生产能力一跃成为矿区众人瞩目的亮点，迅速成长为业务骨干。

"用心查，才敢安心用"

强烈的责任心，催生完美的执行力。努尔加娜提既是技术领域的佼佼者，更是安全生产的忠诚捍卫者。在她看来，在岗的每一分每一秒都关乎安全。这份信念，早已深深烙印在她的心中。努尔加娜提对待工作的认真和执着，在矿山里声名远扬。每次交接班时，她总是最早到，却最晚离开。她对待工作细节如同呵护孩子一般，细致入微、不容有失。从一个小小的指示灯，到粗大的卷筒钢丝绳，每个零部件、每套保护装置，她都会逐一仔细检查，确保万无一失，安全有效运行。她常说："用心查，才敢安心用。"这句话不仅是她对自我的严苛要求，更是对同事们潜移默化的有力引导。在她的带动下，班组内的成员们纷纷自觉强化日常检查工作，力保每一次操作都精准无误。多年来，她所在的班组从未发生过任何一起安全事故。这也是对她多年辛勤耕耘、默默付出的最好回报。

2023年，她所在的二矿区卷扬机班荣获哈巴河县"工人先锋号"称号。这份沉甸甸的荣誉，离不开努尔加娜提的扎实贡献。

"方法等不来、喊不来，要靠干出来"

在当今时代，追求前沿先进的生产技术，全力提升生产效率和效益，成为现代企业的奋斗目标。作为公司内部的关键部门，卷扬机班在矿石开采和运输流程中，扮演着无可替代、举足轻重的关键角色。近年来，随着公司生产能力的大幅提升，卷扬机工们也迎来了前所未有的挑战：在同等时长内，运用相同设备，需吊运更多的矿石，才能满足日益增长的生产需求。这一艰巨任务，不仅要求操作人员具备高超技能和精湛技艺，更需要创新求变思维和勇于探索的精神。

面对挑战，努尔加娜提总结说，提高生产效率并非一蹴而就的，而是需要在日复一日的实际操作中持续摸索、深刻总结和不断改进。她对班组成员说："提高效率，必须从实际出发，方法既等不来，更喊不来，只能靠干出来。"为实现这一目标，努尔加娜提从上下井人员管理环节切入：一方面，她深入研究施工人员排班制度，合理安排工作时间和人员调配，力求确保每台卷扬机都能在最短时间内达到最佳工作状态；另一方面，她不断改进矿石提升方案，通过反复试验、细致总结，逐步打磨出一套行之有效的操作方法，严格把控上下井人员的时间节点和数量规模，精确核算每班次的矿石提升总量，确保每一分每一秒都能被有效利用，发挥最大效能。

在努尔加娜提的带领下，卷扬机班的生产效率实现了显著提升。矿石提升量从原来的日均230车，攀升至260车以上，个别班次甚至突破了300车大关。这一骄人成绩，不仅为公司创造了丰厚可观的经济效益，更在行业内树立了良好口碑。努尔加娜提以她柔弱却坚韧的身躯，为卷扬机班乃至整个公司的蓬勃发展注入了力量，立下了赫赫战功。

岁月如梭，努尔加娜提在卷扬机工这一平凡岗位上已经默默坚守了14年。她凭借高度的责任感，用一次次精准无误的操作，书写着对工作的热爱与执着。她，仿佛那不知疲倦、永不停歇的卷扬机，始终保持着稳定且强劲的节奏，为矿山的安全生产倾尽全力。

在公司举办的一场事迹报告会上，努尔加娜提用饱含深情、富有感染力的语言，向大家讲述道："自从加入公司以来，我时刻牢记自己肩负的神圣使命，尽心尽力完成每一项工作。每当安全顺利完成矿石提升任务，我都会感到无比的欣慰和自豪。我坚信，身为一名正元国际人，矿山对我而言就是温暖的家，为她奉献青春热血，是我义不容辞的责任。"话语间充满了对工作的无限赤诚、对矿山的深厚眷恋。

2020年，努尔加娜提荣获总局第二届"最美冶金地质人"称号，

因平凡而伟大
—— 冶金地质优秀技术工人奋进实录

她的先进事迹在全体员工中引发了强烈反响。她的敬业精神、好学态度及对工作的满腔热爱，已经成为大家竞相学习的榜样。她用脚踏实地的实际行动，诠释了"我的矿山我的家"的深刻真谛，让我们真切领略到了一名普通员工蕴藏的非凡能力和不凡风采。努尔加娜提·都肯别克，这位矿山上的普通员工，用自己的奋斗历程告诉我们，即便是在平凡的岗位上，也同样能铸就不平凡的业绩！

以奋斗擦亮青春底色
——记中基发展工程勘察设计研究院徐雷

七月的阳光似火，无情地炙烤着大地。光秃秃的施工场地毫无遮蔽之处，空气中弥漫着混凝土和尘土混合的气味，还不时夹杂着焊接产生的刺鼻烟味。就在这样的环境中，一位头戴安全帽的中年男人静静地伫立在工地上，仿佛在享受这独特的"阳光浴"，他便是首都体育学院新校区项目（一期）勘察项目技术总工程师徐雷，也是中基发展工程勘察设计研究院优秀的青年项目经理代表。

2023年7月，徐雷主动请缨，承担起了首都体育学院新校区项目（一期）勘察项目技术总工这一重任。该项目是北京市重点工程，棘手程度远超以往，不仅施工难度大，更因涉及社会影响，一旦处理不当，极易引发居民不满，导致停工整顿。

这天的晌午时分，徐雷再次陷入沉思。由于搬迁和经济结构调整等问题，部分居民未能达成一致意见，又一次提出了停工要求。面对这一困境，徐雷没有选择等待通知，而是积极行动起来。他"乔装"后深入群众，了解调研居民诉求。他穿梭于居民区，与居民们聊天交流，耐心倾听他们的建议和意见，用心记录，全面了解当地居民对于拆迁施工的看法。他发现，除了钻机噪声、施工尘土、地面震动等居

因平凡而伟大
——冶金地质优秀技术工人奋进实录

民普遍关注的问题外，还有人担心震动会危及附近房屋的安全。找到了问题所在，也就逐渐找到了突破口。徐雷依据掌握的第一手"民意"，调整技术方案，采取最为合理的施工措施，以减少对居民的干扰。同时，他还协同居委会帮助居民适应新的生活方式，让他们能够继续安居乐业。在他的努力下，原本陷入僵局的项目得以顺利推进，还获得了当地居民及建设单位的高度评价，他们称赞徐雷是一位敢于担当、勇于负责的优秀工程师。

这样的"高光时刻"，在徐雷的职业生涯中并不少见。2019年是他职业生涯中的一个重要节点。那一年他参与了4个施工项目，且全部完成公司既定目标，创造了公司年度单人创效数量和质量的最高纪录。尤其在新建居然之家京津冀智慧物流园CFG桩工程项目中，他更是发挥了"头雁高飞带动群雁振翅"的引领作用，为项目提前高质量完成起到了关键作用。

居然之家项目作为天津市重点工程，受到政府和社会的广泛关注，对质量、安全、环保、施工进度等方面要求极高，立志要拿下建筑"鲁班奖"。该项目工期紧、任务重、交叉作业面广，然而"船迟又遇打头风"，施工队伍进场后，总包单位要求在保证质量的前提下提前20天完工。回忆起那段往事，徐雷苦笑着说："那段时间每天只睡三四个小时，凌晨四五点开始工作，一直持续到第二天凌晨一两点，劳动强度极大。而且施工正值雨季，晴天高温、雨天多水，管理人员还短缺，现场管理人员24小时连轴转是常事，但施工从未中断。经过2个多月的奋战，我们高质量完成了全部施工任务。"该项目得到了甲方及参建各方的高度认可，团队还被总包单位中建三局集团有限公司授予"新建居然之家项目优秀班组"称号。

徐雷不仅是一位技术精湛的工程师，还是一位善于带队伍、责任感非常强的领导者。他关心每一位团队成员的成长和发展，经常在项目现场为实习生进行教学指导。他将自己多年的从业经验和从老师傅那里学到的施工方法相结合，言传身教，使实习生在一个项目上能够获得多方面成长，为公司的长足发展提供了坚实的技术力量。在他的带领下，整个团队呈现出团结向上、奋发有为的精神风貌。

2015年底，徐雷肩负起北京市通州区西集镇综合配套区F地块经济适用房项目土方与地基处理工程技术负责人的重任。该项目作为北京市重点民生工程，工期紧、合同额大、涉及工作内容多、质量要求严格。面对压力，徐雷毫不犹豫地带领团队勇往直前。

2015年11月23日，徐雷带领技术团队先行进场，此时距2016年春节仅剩2个月。他们迅速投身到紧张的工作中，徐雷指导技术小组积极研究设计图纸，制定专项方案，推演施工过程，选择合适的施工工艺。当时正值"蓝天保卫战"的关键时期，北京市政府出台了一系列严格措施以保障空气质量。对徐雷和他的团队而言，这无疑是新的挑战。他们既要保证项目顺利进行，又要做到施工过程中的环境保护。

因平凡而伟大
——冶金地质优秀技术工人奋进实录

面对重重困难，徐雷带领团队深入研究施工工艺，通过优化和改变施工工艺，采用湿法作业、湿法锚喷等低粉尘施工措施，成功使施工既符合环保要求，又保证了进度不受影响。他还制定了降水综合利用方案，将抽排的地下水进行合理的二次利用，不仅提高了施工效率、节约了成本，还为环保事业贡献了一份力量。

春节期间，当大多数员工都回家团聚时，徐雷却坚守岗位。他和他的团队放弃了与家人团圆的机会，坚持保交付不停工。到了项目后期，他干脆住在工地上，一住就是30多天。衣服洗了不干，就让妻子送过来换洗；晚上困了，就在工地上跑两圈提神；看到团队成员累了，就给大家加油打气："兄弟们，再坚持几天，胜利就在眼前。"身为项目负责人，他的工作量最大、工作最累，但他始终精神饱满，充满干劲。在他的引领和各方的共同努力下，项目于2023年3月中旬完美收官。

"我是革命一块砖，哪里需要往哪搬。"这是徐雷的座右铭，也是他生活与工作的真实写照。2007年参加工作，如今已近不惑之年，他一直扎根在繁忙的施工生产一线，像一位不知疲倦的农夫，在施工技术的田野上辛勤耕耘。凭借勤奋好学和踏实努力，他从一名普通的技术员，迅速脱颖而出成为一名技术工程师。在领导和同事眼里，他是"精益求精，追求卓越"的典范。他的荣誉簿上记录着"青年岗位能手""先进个人""劳动竞赛先进个人"等多个耀眼称号，这些不仅是他成绩的见证，更是他执着追求、不断进取的足迹。

"新时代、新征程，我们产业工人更应努力奋斗，将个人理想融入中国梦。作为一名工程师，我会继续恪尽职守，与众多一线产业工人并肩作战，共同汇聚成推进中国式现代化建设的强大力量，作出更大的贡献！"这便是徐雷的心声，也是他继续奋斗的目标。

机台边上的"土地公"
——记中国冶金地质总局二局福建岩土工程勘察研究院有限公司莆田分公司谌逊龙

在某工地现场，一台台巨型钻机矗立在泥泞的地面上，不断发出震耳欲聋的轰鸣声。高速旋转的钻头笔直而稳健地刺向大地深处，仿佛在向大地彰显着一种征服的力量。

身着工作服、头戴安全帽的工人们，都专注于工作。有的熟练操控着机械设备，有的奋力拖拽着施工材料，还有一个人站在钻机旁，目不转睛地观察着机器的运转状况。"这些碎渣要及时清理，别缠住线，务必保证施工现场的整洁和安全。"一个严肃且有力的声音，穿透机器的喧嚣，精准地传到操作工人的耳朵里，从工人们的神情来看，他们显然早已习以为常。

眼前这位面容呈油棕色、中等个子且身材健壮的技术员，正是中国冶金地质总局二局福建岩土工程勘察研究院有限公司莆田分公司的谌逊龙，这里的工人们给他起了个外号——"土地公"。

因平凡而伟大
——冶金地质优秀技术工人奋进实录

写在脸上的敬业

谌逊龙，来自贵州省天柱县，历经多年的磨砺和成长，这位侗族的热血青年如今已经蜕变为一位经验丰富、技能精湛的岩土高级工程师。1997年参加工作以来，他持之以恒地提升专业素养，精心锤炼工匠精神，身体力行地践行爱岗敬业、无私奉献的理念，为福建岩土工程勘察事业作出了突出贡献。

谌逊龙的职业生涯是一步一个坚实脚印走过来的奋斗历程。踏实肯干、吃苦耐劳，是他练就过硬技能的法宝。参加工作后，谌逊龙始终坚守一线，积极参与各类岩土勘察项目，从不抱怨。平日里，他不善言谈，然而一旦谈及具体工作问题，便立刻思路清晰、言辞铿锵，那常常微蹙的眉头，仿佛是一块写着"时刻不能有一丝松懈"的告示牌，只要一到工地，这块"告示牌"便自然而然地挂在了他脸上。

27年来，谌逊龙主持完成岩土工程项目约600余项，其中勘察等级为甲级的项目就有50余项、省级重点项目5项，涉及工业与民用建筑、市政道路、高速公路、码头、铁路、电力、城市管道、边坡工程、地基处理等诸多领域。众多甲方对他赞誉有加，称赞他具有高超的技术理论水平和丰富的现场实践经验。多年来他获得的荣誉不胜枚举，9次荣获总局二局"安全生产先进个人""质量管理先进个人""劳动竞赛优秀职工"等称号，6次斩获公司"安全生产先进个人""质量管理先进个人"荣誉称号。由他担任主要负责人的涵江区旧城改造项目部、木兰大道三期仙游段勘察项目部、莆田市绶溪片区地块一（E-02、E-03）工程勘察项目部，更是多次荣获公司"安全生产、质量管理先进班组"称号。其编写的论文也多次获得公司奖项。虽说这些荣誉看似并非惊天动地，但却是所在集体给予他最真诚、最有力的认可。

刻进骨子的坚守

保证岩土工程勘察野外钻探的准确度，是确保一个项目勘察质量的根基所在。谌逊龙在工作中始终将这一准则奉为工作标准，由他主持完成的600多项岩土勘察项目无一不是保质、保量且按时达成各项要求，赢得了建设单位、公司领导及同事们的一致肯定和高度赞扬。

同事们对他印象最为深刻的是，现场机台一开启施工，谌逊龙便会或站或坐于机台边，对现场施工的计量、测试、取样等各环节严格把控，多数时候都会上手量测、仔细校对。与此同时，他还要不时巡查工人们在现场有无不安全的操作行为，一旦发现，立即予以指正，并要求工人即刻整改到位。久而久之，大家都明白了他为保质量坚守岗位的执着脾性。后来机台工人便跟他开玩笑，送了他"土地公"这个外号。在当地民间，"土地公"是保障安全的一种精神寄托。

谌逊龙对待工作的认真不仅在施工现场，在后期基础施工验槽环节同样一丝不苟、严谨细致。

时间回到2022年5月19日早上8点，谌逊龙接到建设单位的电话，要求上午10点赶到现场5#楼进行验槽。9点30分，谌逊龙便提前抵达工地验槽现场。待步入场地查看一番后，他发现5#楼的基槽竟已经浇筑了素混凝土，顿时就满心疑虑：怎能未通过验槽就贸然对基槽浇筑素混凝土？谌逊龙随即围绕开挖的槽周边展开细致勘查，赫然发现北侧建筑边线上的土层依旧是填土，依照基础验槽的规范要求，此种情况必须破除混凝土进行深度排查，对地层加以鉴别，以此判定能否满足施工要求。等到验槽五方人员到齐后，湛逊龙率先提出质疑。施工方辩解道："担心下雨，开挖到标高后就赶紧浇筑混凝土了，地层状况良好，绝对没问题。"接着，施工方负责人语气颇为不善地继续强调："这样破除后再回填素土，肯定会耽误工期，到时候这责任谁承担？"

面对施工方的盛气凌人，湛逊龙寸步不让，斩钉截铁地回应："一是你们完全不按施工程序办事，若耽误工期，责任自然由你们承担。二是这基础肯定没挖到持力层，楼房盖到两层，沉降就会超标，这个你们施工单位敢承担后果吗？"施工方负责人见湛逊龙态度如此坚决，无奈之下只好调来挖机破除素混凝土，依照他指定的区域率先开挖，随后对5#楼展开全面开挖排查，从上午10点20分一直忙碌到晚上8点15分，湛逊龙全程坚守。填土最深处开挖达1.6米，最终开挖出来的地层情况与勘察报告完全吻合。

事后，施工方负责人向湛逊龙表示致歉，其余验槽四方人员也对湛逊龙的专业技术和职业道德钦佩不已。正是湛逊龙的坚持，才成功规避并消除了一场重大的安全隐患。后续这位施工方负责人还多次邀请湛逊龙前往现场指导工作。湛逊龙负责执行的另一项目还荣获了该建设单位的集团精益工程奖。

融进脑子的钻研

湛逊龙擅长撰写内业报告，多年来，他凭借细致入微的观察和扎实深厚的专业知识，为分公司的众多项目提供了坚如磐石的数据支持。

谈及撰写报告，谌逊龙总是感慨万千，用他自己的话说，那完全是一点点磨炼积累出来的。在校求学时，他的专业其实是矿山地质，毕业后因工作安排转而从事岩土工程勘察工作。为能尽快适应新的工作领域，他暗自下定决心，鞭策自己勤奋学习、刻苦钻研。刚开始撰写报告时，他曾为一个问题反复向总工请教了4次才彻底弄通，自己也为此苦恼不已，总工的一句"写报告又不是造原子弹，只要肯问肯学，都能写好"，宛如一盏明灯，给了他莫大的鼓舞，使他重拾了做好勘察工作的坚定信心。

2009年2月，广西百色市的德宝酒店勘察项目，因地层存在溶洞，从野外钻孔、室内制图到文字表述，各环节均是首次遭遇溶洞这种棘手状况。为圆满完成该项目，撰写出高质量的报告，谌逊龙不辞辛劳反复向总工请教、深入学习规范、广泛查阅相关资料，还特地从在广西工作的同学那里搜集相关勘察报告，遇到疑惑之处就打电话向同学请教。单就这一个项目，前后累计通话约10个小时，其中最长的一次通话近2个小时。功夫不负有心人，最终，他递交了一份近乎完美的报告。

此后，分公司但凡接到特殊类型的勘察项目、报告内容复杂的项目或是外省市难度颇高的项目时，基本都会优先安排谌逊龙负责。他深知这是公司对他的莫大信任，内心满是感激，也越发觉得不能辜负这份信任。越是"硬骨头"，他越要迎难而上、苦心钻研，久而久之，他在专业领域越钻越深，技术能力越发精湛扎实。

"宝剑锋从磨砺出，梅花香自苦寒来。"谌逊龙不仅是一位技术骨干、行业楷模，更是岩土勘察事业的中流砥柱。他以脚踏实地的实际行动，践行着一名岩土勘察工程师的初心和使命，为公司岩土勘察事业的蓬勃发展倾尽全力、添砖加瓦。展望未来的工作之路，他必将继续发挥自身的技术优势，用实实在在的行动，诠释岩土勘察工作者的责任担当和时代风采。

后 记

  时光荏苒，在总局党委及总局工会的大力指导和支持下，十几万字的优秀技术工人奋进实录即将付梓，此刻心中感慨万千，既有完成任务后的如释重负，更充盈着满满的感激、感动和自豪。

  感激之情源于总局党委及总局工会的高度重视、悉心指导和全力支持。总局党委书记牛建华和局长王文军强调，此项工作是学习宣传贯彻落实习近平文化思想和习近平总书记关于劳模精神、劳动精神、工匠精神重要论述的关键举措，是传承弘扬"三光荣""四特别"优良传统的内在要求，也是宣传发扬冶金地质系统"爱国奉献、开拓创新、艰苦奋斗"企业精神的必然选择，必须全力做好编写出版工作，为冶金地质在新征程砥砺前行凝聚强大的精神力量。在编写书稿期间，各单位党委、工会及党委宣传部都给予了大力协助，积极提供稿件素材，帮助联系对接采访对象，认真审核补充稿件内容，在此表示衷心的感谢！同时，在总局工会主席的统筹下，编写组组长孙京平，组员史青青、尚文娟、李小娟、亢虎祥、阴秀丽并未局限于已有材料，而是抽出时间深入采写，进一步补充事迹内容，力求以手中之笔展现更多生动故事，在此也向编写组的同事们表达诚挚的谢意！

  感动则源自46位优秀技术工人的故事。一年前与他们相处的点滴，会议室、餐桌旁、大巴车上、村间小路上、电话里……至今回忆起来，依旧清晰如昨。尤其是告别前的那个夜晚，他们围着工作人员，

因平凡而伟大
——冶金地质优秀技术工人奋进实录

纷纷讲述自己的故事和生活中的酸甜苦辣，几个小时悄然流逝，他们言谈间有欢笑也有泪水，那些曾经经历的艰难困苦在此时早已烟消云散。他们身上不仅彰显着劳模精神、劳动精神、工匠精神，更令人敬佩的是在平凡工作中展现出的高度责任感和勇于担当的精神。他们严于律己、对工作精益求精、与同事友好互助，坚信自身工作的意义，更期盼这份事业后继有人，这些无不展现出平凡中的伟大，让我们深信，即使再遇困境，他们依然会选择面对、奋勇前进！

自豪之感来自能够编写这样一部熠熠生辉的文集。46位优秀技术工人的故事犹如中国冶金地质发展长河中的点点水滴。虽为一滴水，却能折射出太阳的光芒。这46颗璀璨的水滴，折射出冶金地质人跋山涉水、风餐露宿、攻坚克难取得丰硕找矿成果的使命担当；折射出冶金地质人舍小家为大家，秉持"爱岗敬业、争创一流、艰苦奋斗、勇于创新、淡泊名利、甘于奉献的劳模精神"；折射出冶金地质人朴实无华的追求，即"崇尚劳动、热爱劳动、辛勤劳动、诚实劳动的劳动精神"；折射出冶金地质人千锤百炼，具备的"执着专注、精益求精、一丝不苟、追求卓越的工匠精神"。能够参与编写这样一部文集，既是难得的学习契机，也是履行宣传工作的职责所在，于编写组的成员而言，大家都为能参与此项工作而深感自豪。

因时间仓促、水平有限，这本书在编写形式和内容方面难免存在诸多不足之处，恳请各位读者不吝赐教，我们定会在后续的编辑出版过程中不断改进和完善。

本书编写组
2025年4月